Das kann ich schon

1

1 den eigenen Namen und erste Wörter schreiben, dazu malen, stempeln, ausschneiden und aufkleben

1 individuelle Bearbeitung der Aufgabe

Formen nachspuren

1 buchstabenrelevante Formen nachspuren und weiterzeichnen

1 individuelle Bearbeitung der Aufgabe

Fö KV 5, 6
Vorkurs

Silbenbögen zeichnen

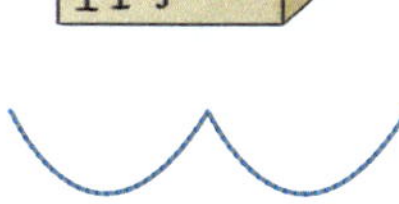

1 Bögen nachspuren
2 Silbenbögen nachspuren

1 individuelle Bearbeitung der Aufgabe

Fö KV 5, 6
Vorkurs

Silben schwingen

1 Anzahl der Silben schwingen, Silbenbögen nachspuren

Fö KV 5, 6
Vorkurs

Anlaute abhören

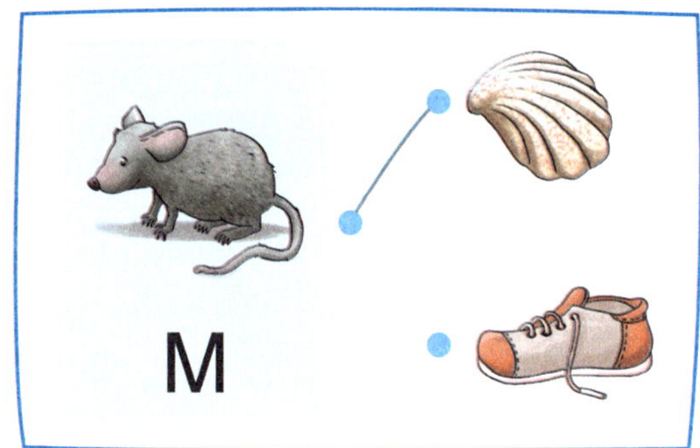

1 Wörter/Bilder mit dem gleichen Anlaut verbinden

Mit der Anlauttabelle schreiben

1 Methode „Mit der Anlauttabelle schreiben" nachvollziehen, erste lauttreue Wörter verschriften

Fö KV 10, 11
Vorkurs

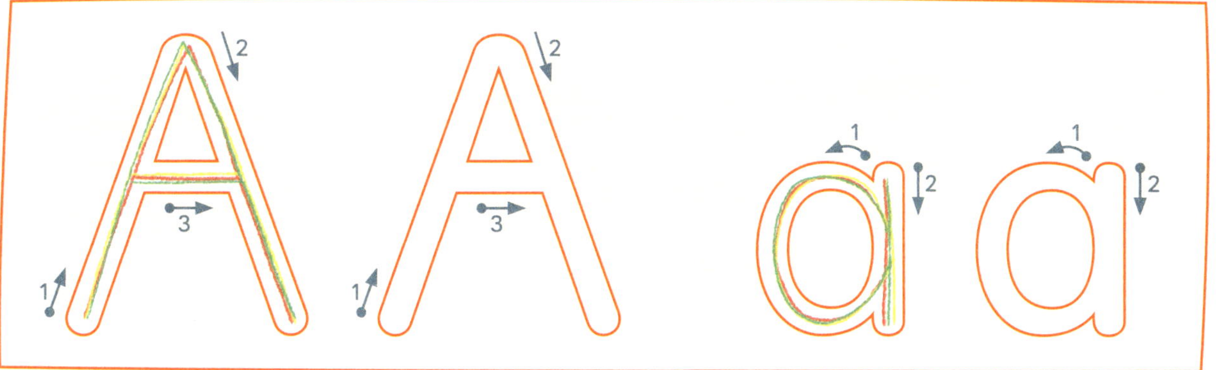

Ali	malen	Lea	Ast
Lale	am	malt	Lama
acht	Affen	Wal	Kamel

1 den Buchstaben A a nachspuren
2 den Buchstaben A a schreiben
3 den Buchstaben A a visuell diskriminieren

1 Handzeichen verwenden
3 einzelne Wörter lesen

Fibel, S. 6/7
Fö KV 5, 6

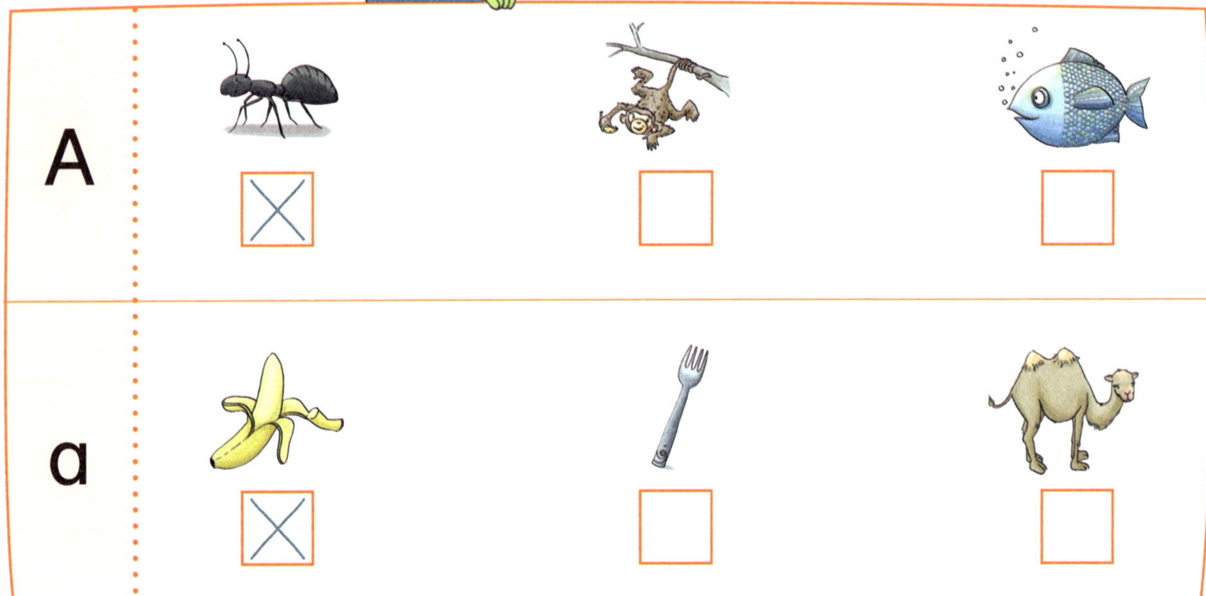

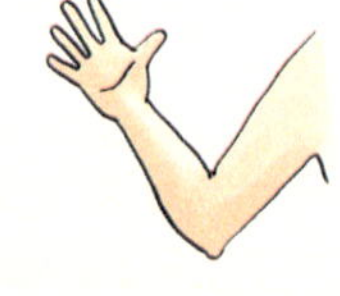

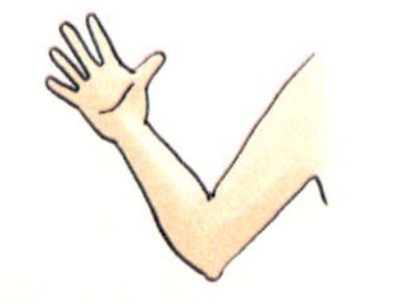

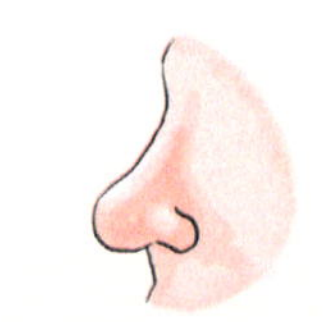

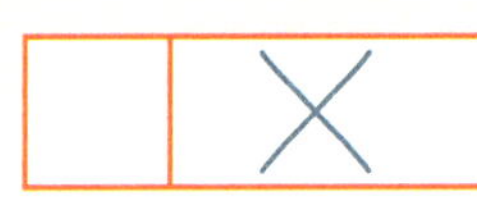

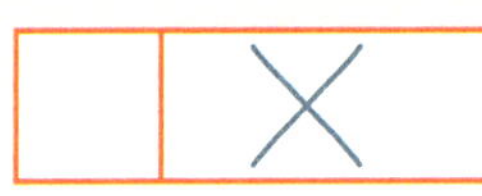

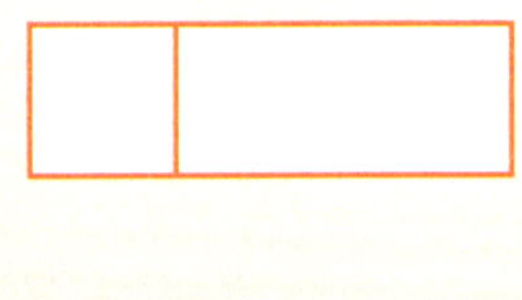

1 Vorhandensein des Lautes A a auditiv analysieren

2 Position des Lautes A a auditiv analysieren

2 schlechter hörbare Lautqualität in der letzten Zeile

Fibel, S. 6/7
Fö KV 1, 2, KV 1
MK Laute 17

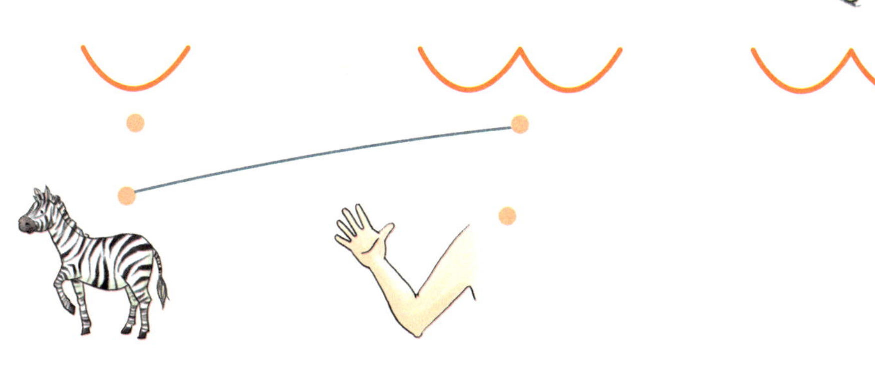

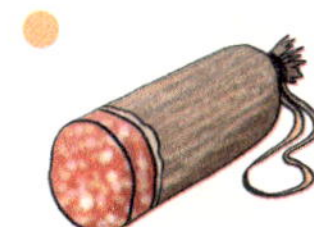

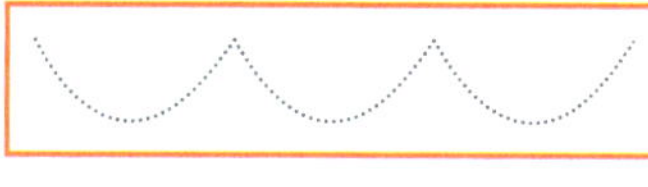

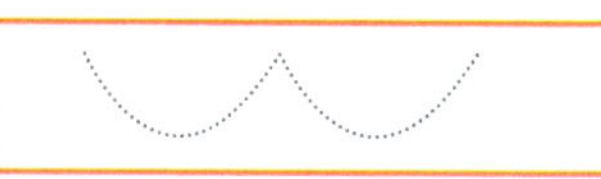

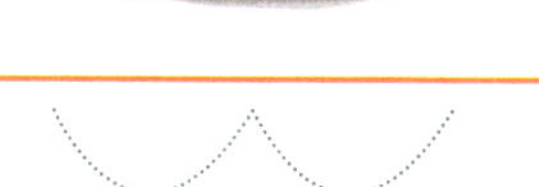

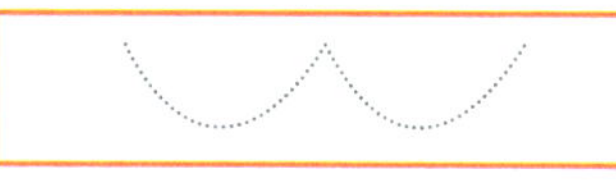

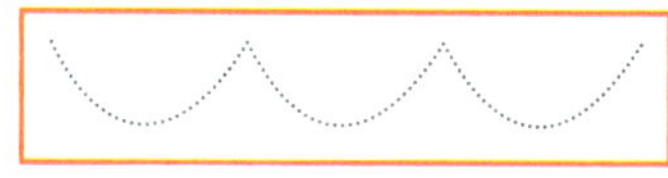

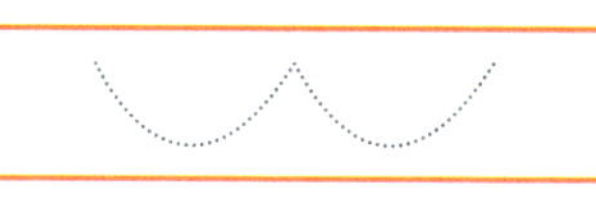

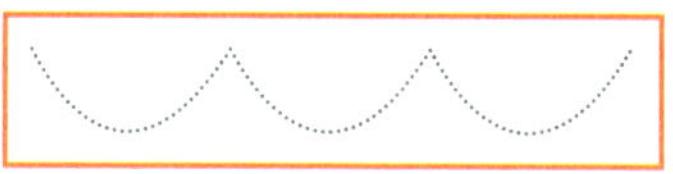

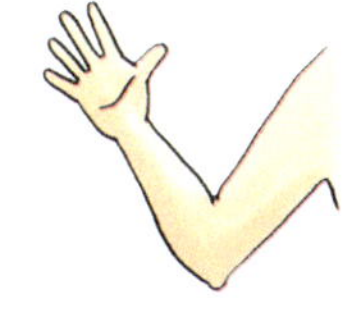

1 Wörter auf die Anzahl der Silben abhören

2 Anzahl der Silben schwingen, Silbenbögen nachspuren

2 Vokale in Silbenbögen schreiben

Fibel, S. 6/7
Fö KV 5, 6, KV 5, 6
MK Silben 1–4

1

	a		a

A		

	a		a

		a

2

1 Anlautbilder einem Bild zuordnen

2 Anlautschrift lesen, das richtige Bild zuordnen

Fibel, S. 6/7
Fö KV 8
LMH, S. 3

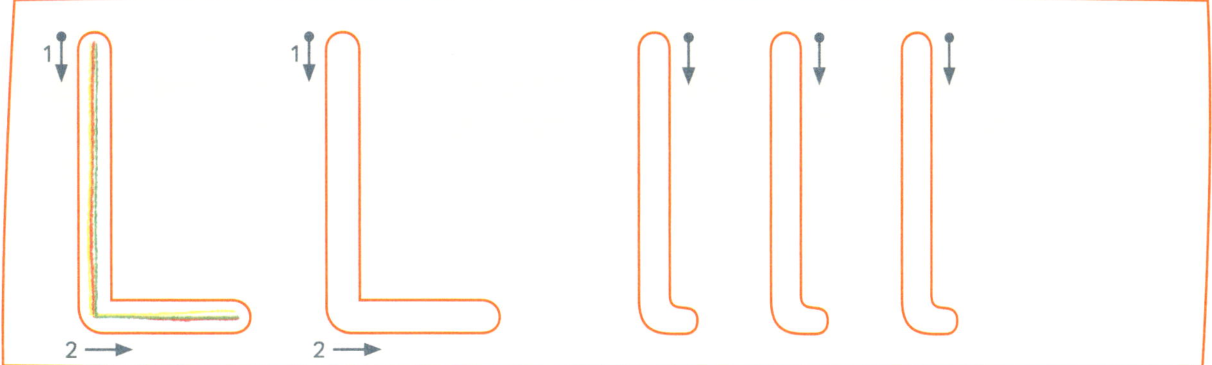

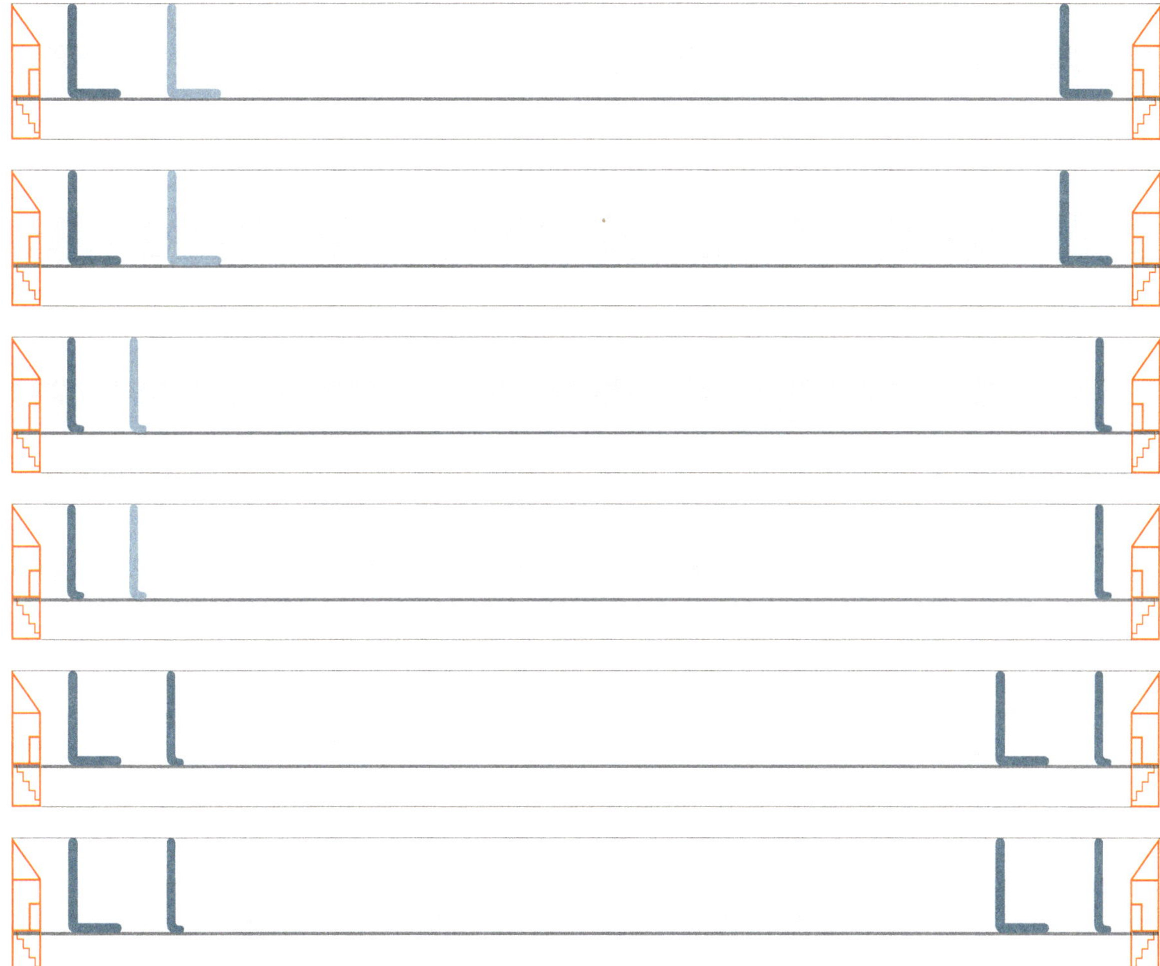

Lea	Ella	lernen	Ole
Ali	lesen	lila	Lolli
alle	Los	Lale	Leo

1 den Buchstaben L l nachspuren
2 den Buchstaben L l schreiben
3 den Buchstaben L l visuell diskriminieren

1 Handzeichen verwenden
3 einzelne Wörter lesen

Fibel, S. 8/9
Fö KV 5, 6

1

2

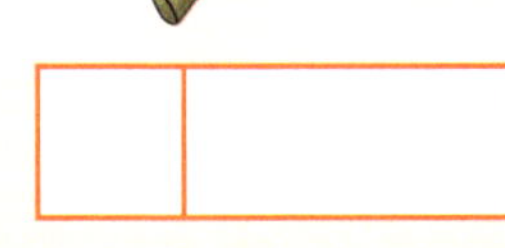

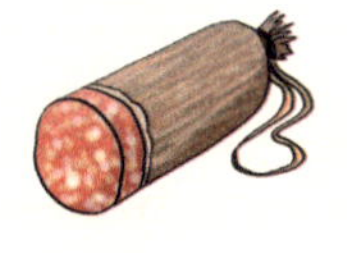

1 Vorhandensein des Lautes L l auditiv analysieren

2 Position des Lautes L l auditiv analysieren

Fibel, S. 8/9
Fö KV 1, 2, KV 1, 2
MK Laute 18

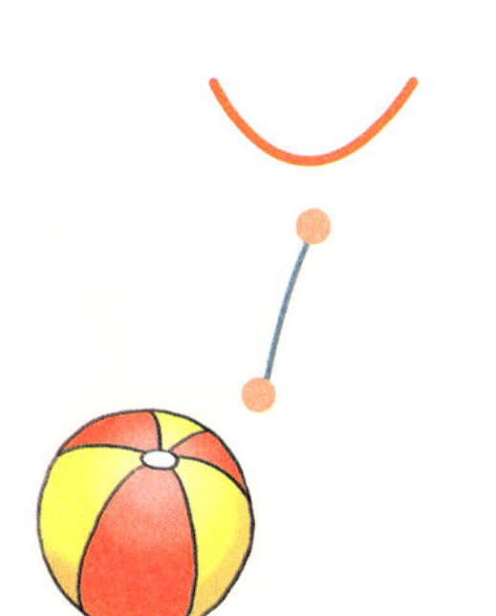

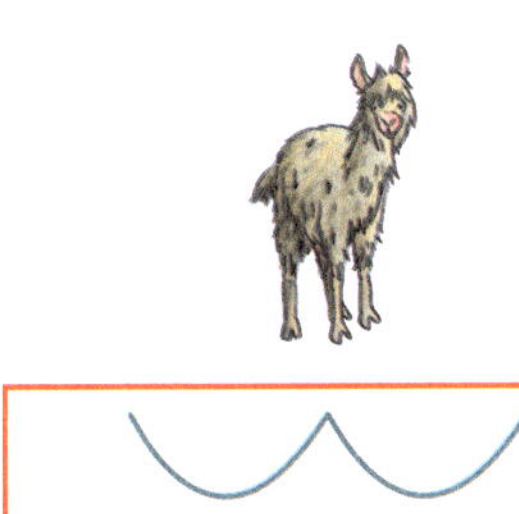

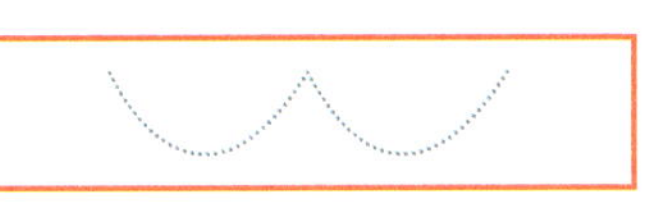

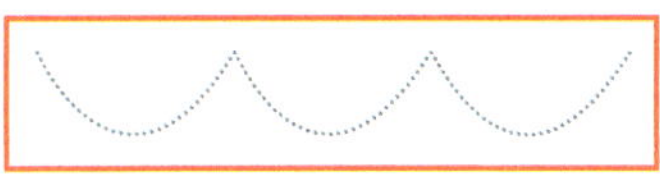

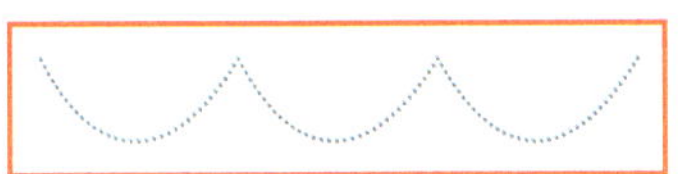

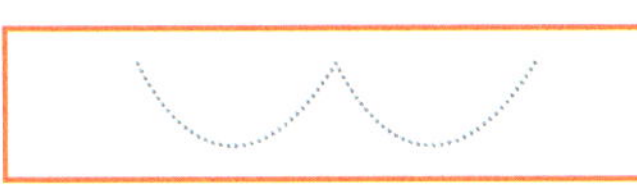

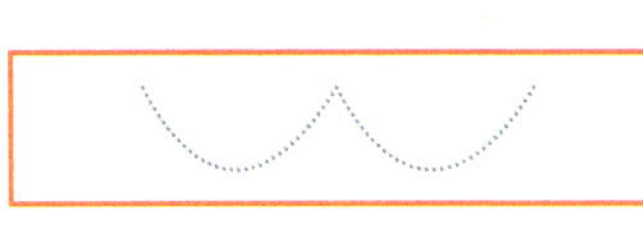

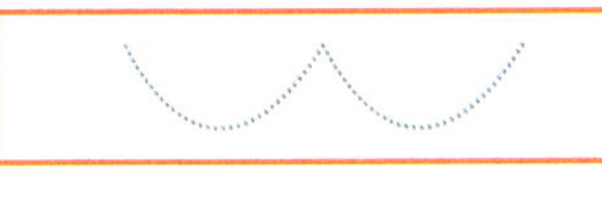

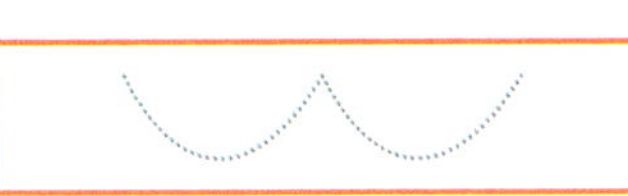

1 Wörter auf die Anzahl der Silben abhören
2 Anzahl der Silben schwingen, Silbenbögen nachspuren

2 Vokale in Silbenbögen schreiben

Fibel, S. 8/9
Fö KV 5, 6, KV 5, 6
MK Silben 1–4

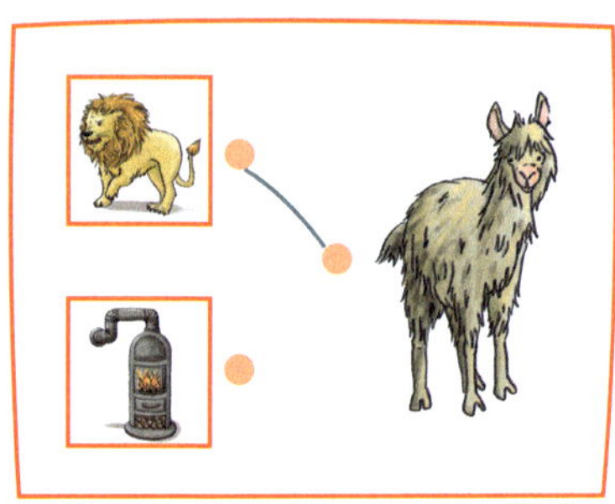

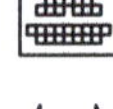

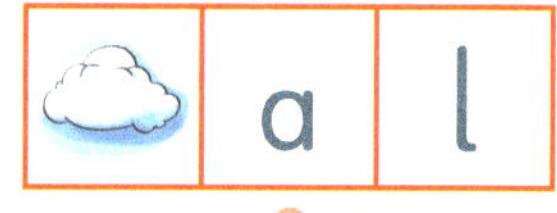

1 Anlautbilder einem Bild zuordnen

2 Anlautschrift lesen, das richtige Bild zuordnen

Fibel, S. 8/9
Fö KV 8
LMH, S. 4

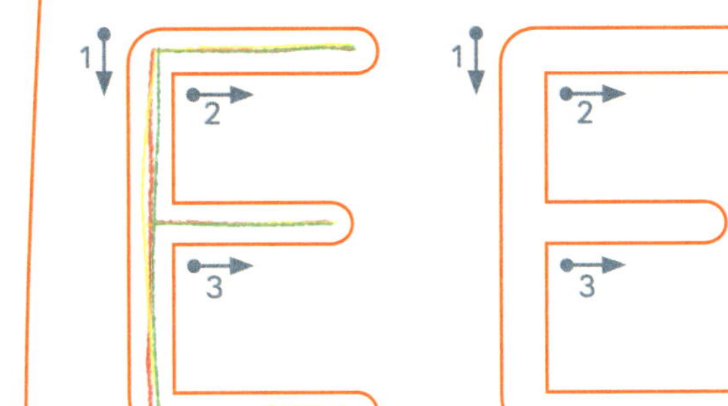

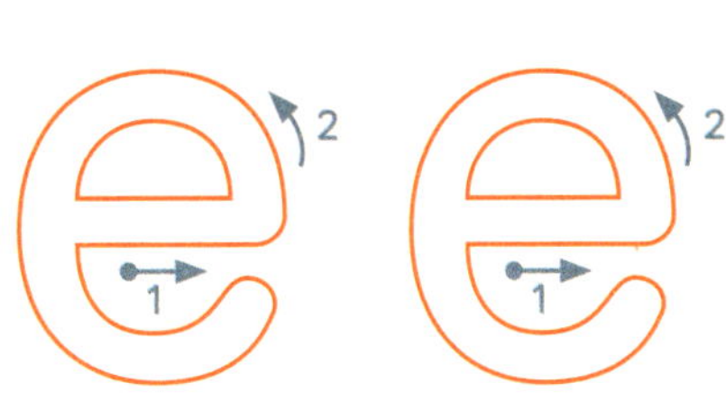

Ella	Lea	essen	Erdbeeren
Ole	Kekse	mit	Tee
Lale	und	alle	Melone

1 den Buchstaben E e nachspuren
2 den Buchstaben E e und das Wort schreiben
3 den Buchstaben E e visuell diskriminieren

1 Handzeichen verwenden
3 einzelne Wörter lesen

Fibel, S. 10/11
Fö KV 5, 6

1

2

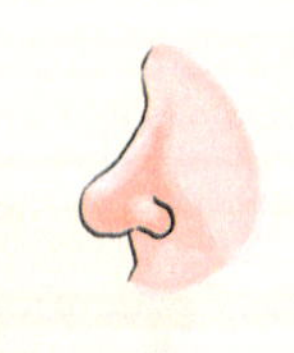

1 Vorhandensein des Lautes E e auditiv analysieren

2 Position des Lautes E e auditiv analysieren

2 schlechter hörbare Lautqualität in der letzten Zeile

Fibel, S. 10/11
Fö KV 3, 4, KV 3, 4
MK Laute 19

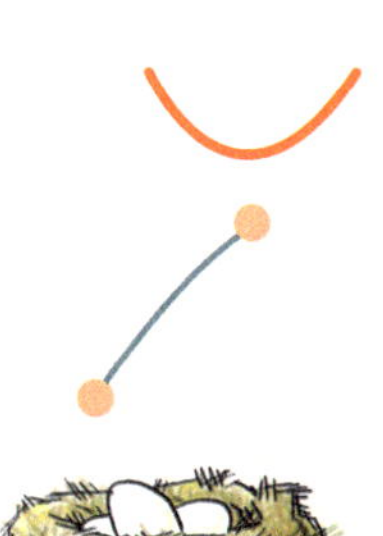

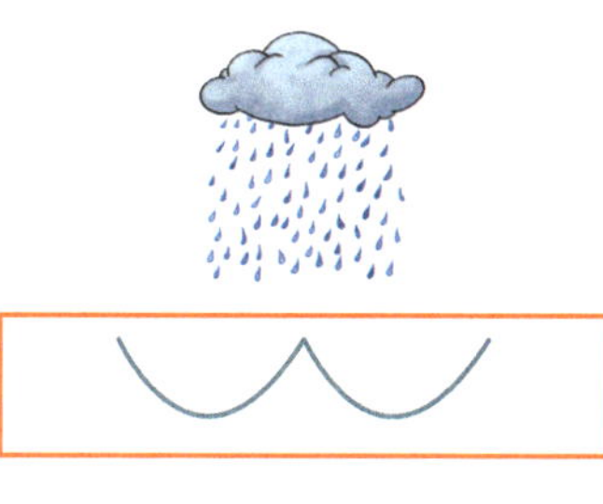

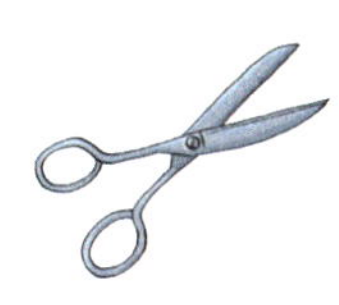

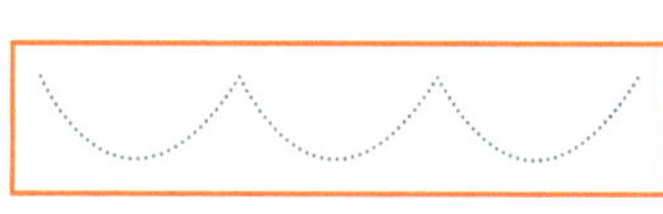

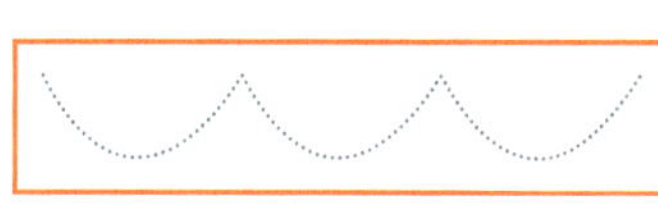

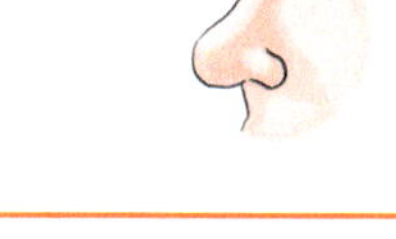

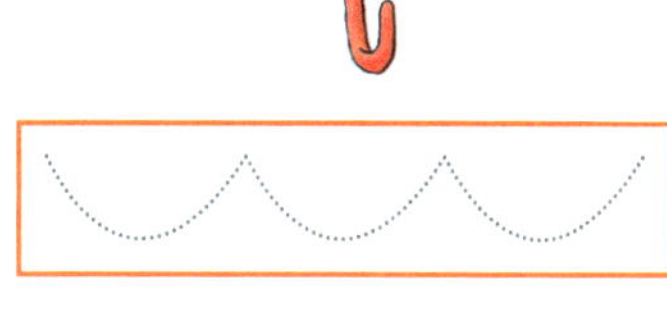

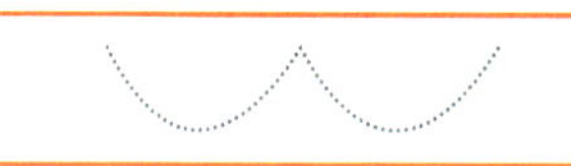

1 Wörter auf die Anzahl der Silben abhören
2 Anzahl der Silben schwingen, Silbenbögen nachspuren

2 Vokale in Silbenbögen schreiben

Fibel, S. 10/11
Fö KV 5, 6, KV 5, 6
MK Silben 1 – 4

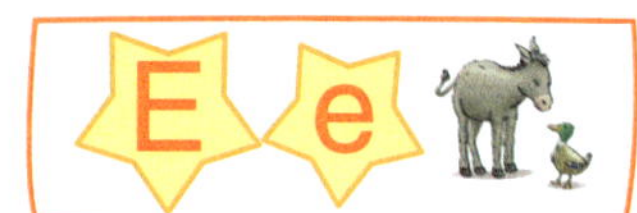

1

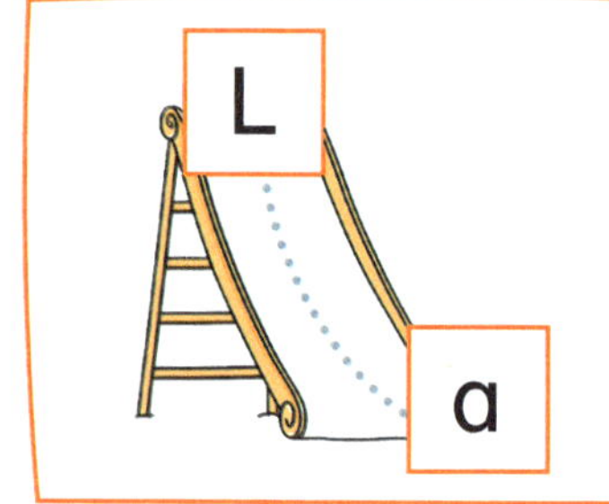

2

mit mat mit met mut

mit met mit mat

mit met mut mit met

3

Lea mit 

Lale mit 

1 Silben/Wörter lesen
2 Ganzwort „mit“ visuell diskriminieren
3 Wortgruppen lesen und einem Bild zuordnen

Fibel, S. 10/11
Fö KV 7, KV 7
LMH, S. 5

1

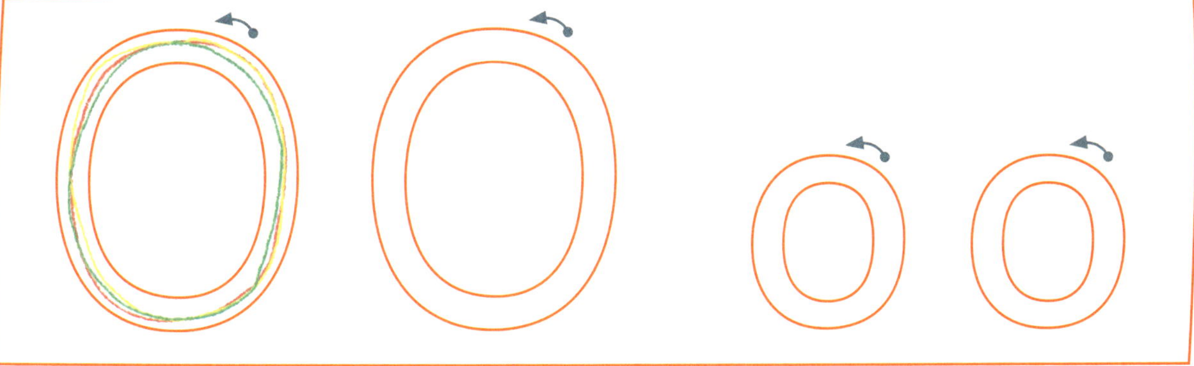

2

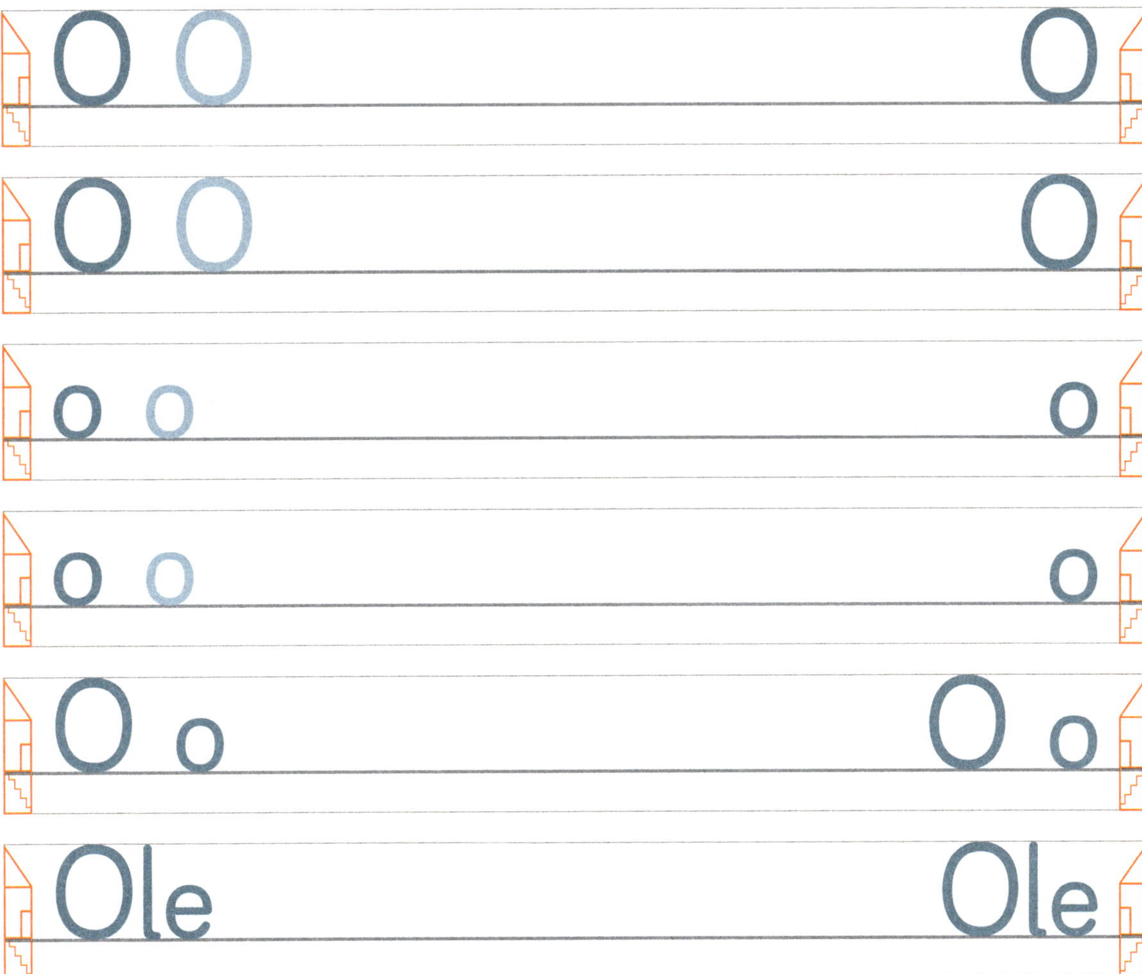

3

Ole	Tonio	rot	Opa
Oma	toll	rosa	Roller
Lola	Foto	von	Roboter

1 den Buchstaben O o nachspuren
2 den Buchstaben O o und das Wort schreiben
3 den Buchstaben O o visuell diskriminieren

1 Handzeichen verwenden
3 einzelne Wörter lesen

Fibel, S. 12/13
Fö KV 5, 6

O

o

1 Vorhandensein des Lautes O o auditiv analysieren

2 Position des Lautes O o auditiv analysieren

2 schlechter hörbare Lautqualität in der letzten Zeile

Fibel, S. 12/13
Fö KV 3, 4, 9, KV 3, 4, 9
MK Laute 20

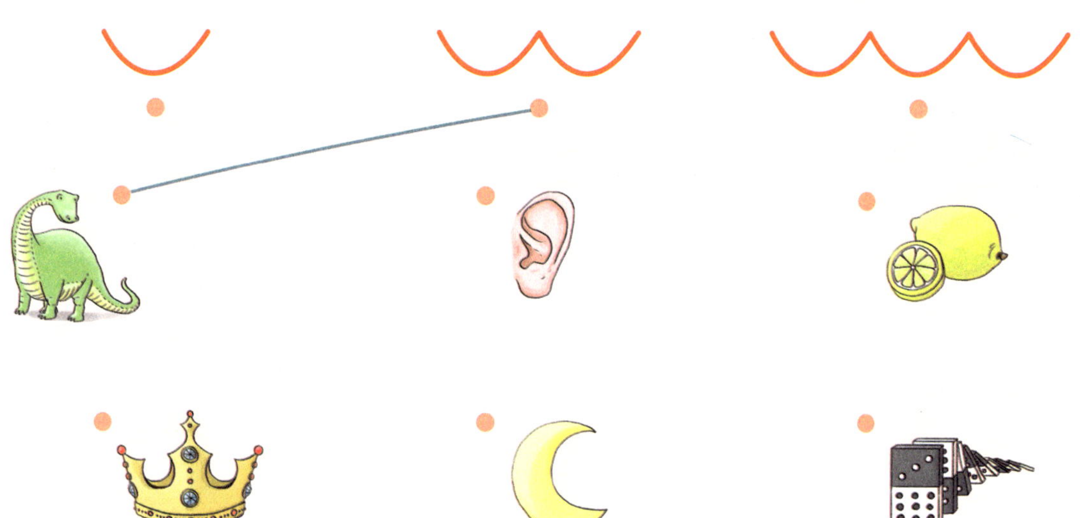

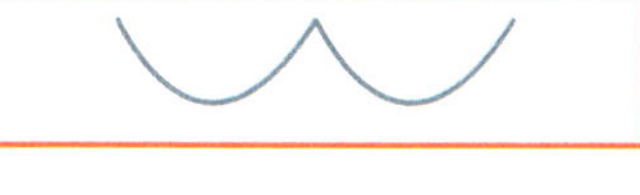
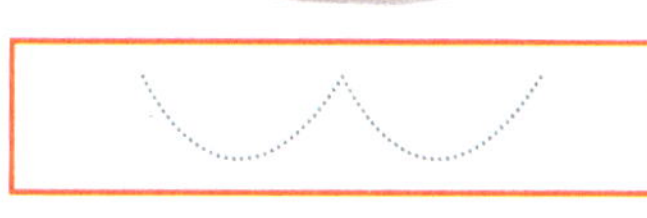

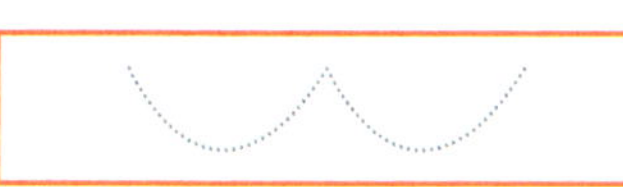
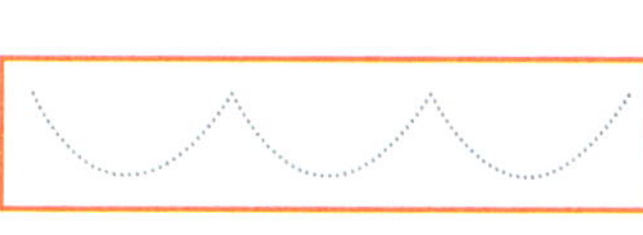
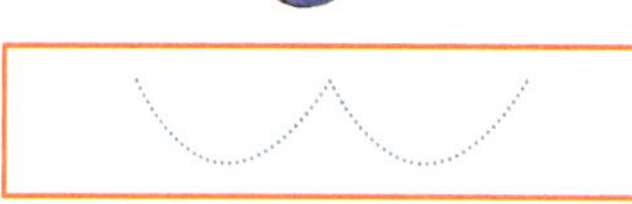

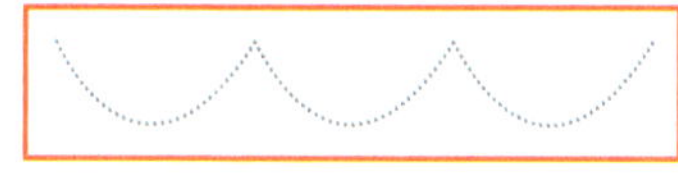
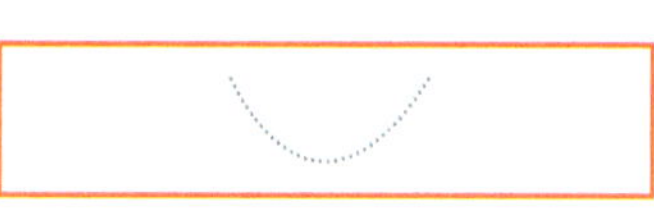
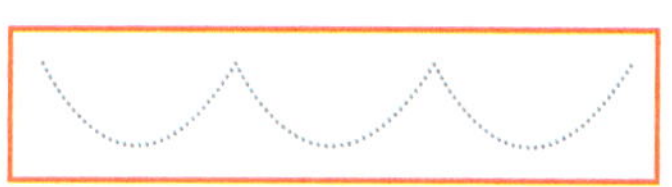

1 Wörter auf die Anzahl der Silben abhören
2 Anzahl der Silben schwingen, Silbenbögen nachspuren

2 Vokale in Silbenbögen schreiben

Fibel, S. 12/13
Fö KV 5, 6, KV 5, 6
MK Silben 1–4

2

toll till toll tull

till tall toll tull toll

3

1 Silben/Wörter lesen
2 Ganzwort „toll“ visuell diskriminieren
3 Wörter lesen und einem Bild zuordnen

Fibel, S. 12/13
Fö KV 7, KV 7
LMH, S. 6

Mit der Anlauttabelle arbeiten

START

ZIEL

1 Spiel zum Kennenlernen der Anlautbilder: Um die gewürfelte Punktzahl vorrücken, dann zum gleichen Bild vor- oder zurückspringen

Fibel, S. 14/15
Fö KV 8–11, KV 8–11

Mit der Anlauttabelle arbeiten

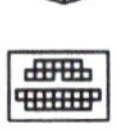

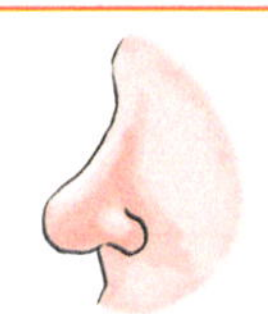

1 Spiel zum Kennenlernen der Anlautbilder: Um die gewürfelte Punktzahl vorrücken, dann zum Bild mit dem gleichen Anlaut springen

Fibel, S. 14/15
Fö KV 8–11, KV 8–11

1

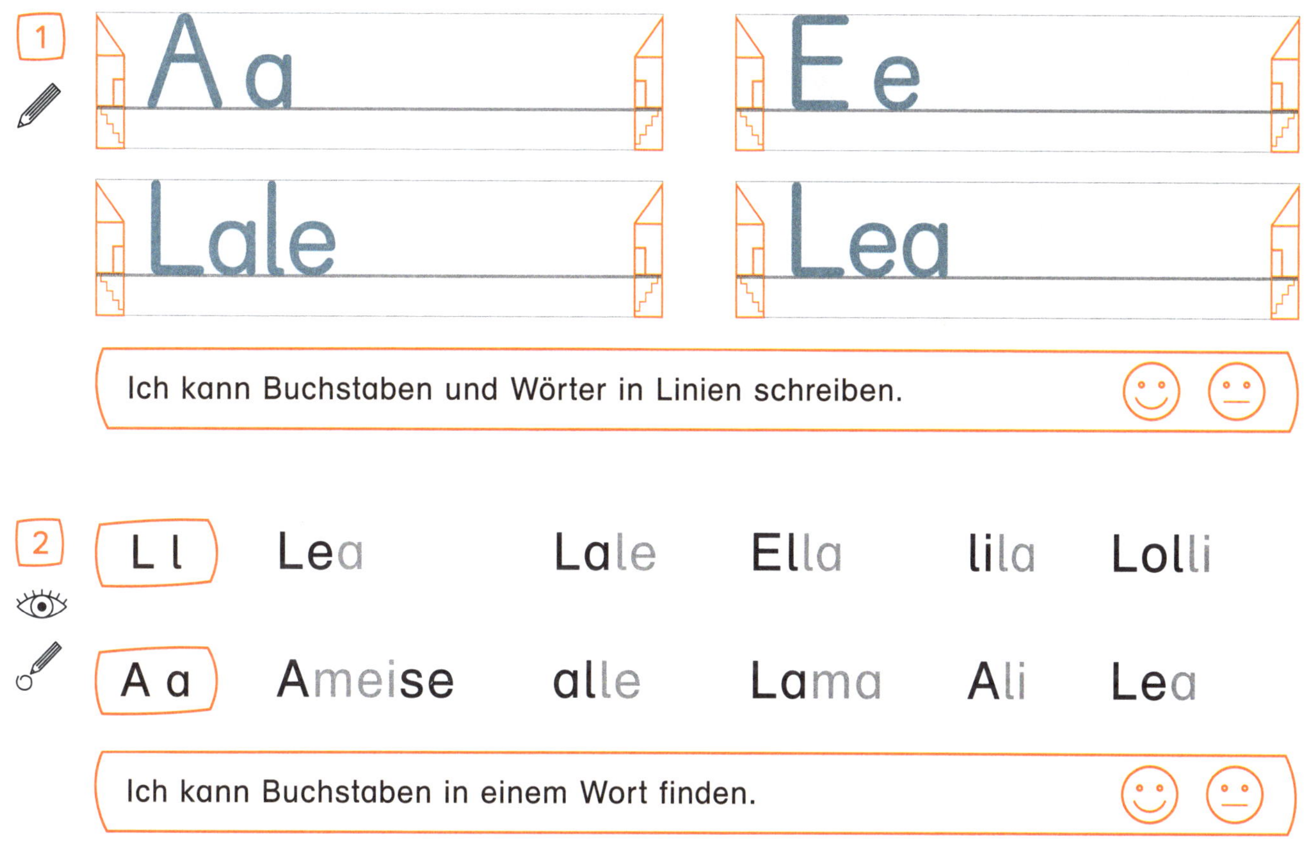

Ich kann Buchstaben und Wörter in Linien schreiben.

2

Ich kann Buchstaben in einem Wort finden.

3

A a

L l

Ich kann Laute in einem Wort hören.

Das kann ich!

1

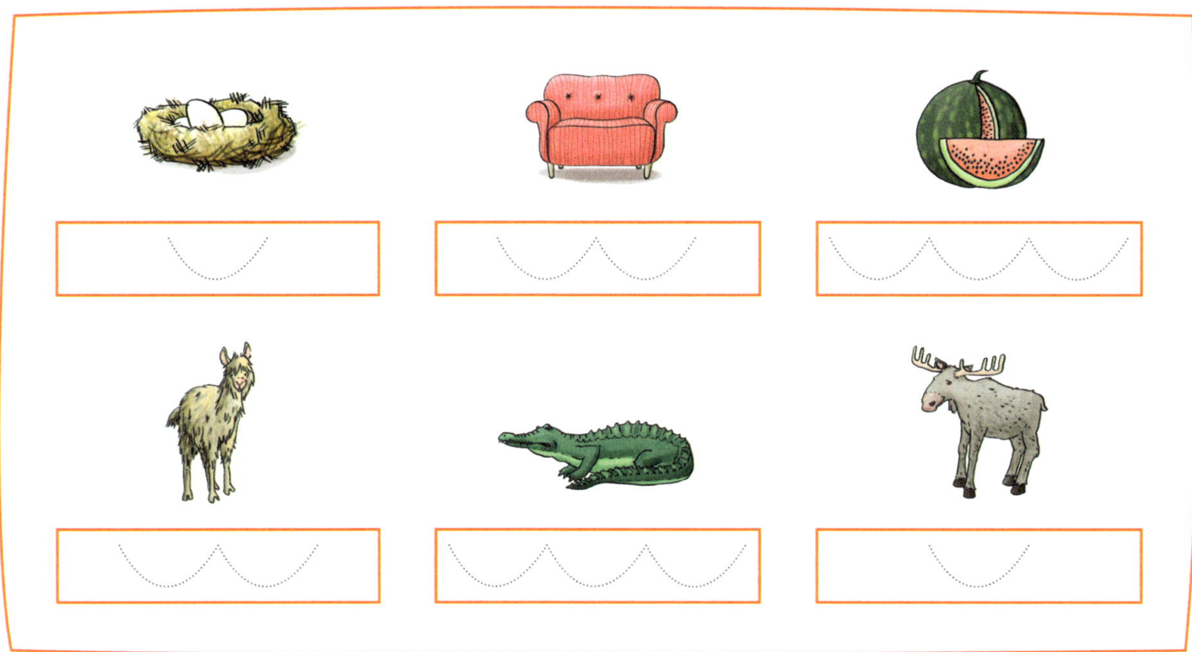

Ich kann Wörter in Silben schwingen.  

2

Ich kann Wörter lesen.  

3

Ich kann Wortgruppen lesen.  

1 Wörter in Silben schwingen
2 Wörter lesen und einem Bild zuordnen
3 Wortgruppen lesen und einem Bild zuordnen

1 Vokale in Silbenbögen schreiben

Das kann ich, S. 4, 5
LSTE 1

M m

1

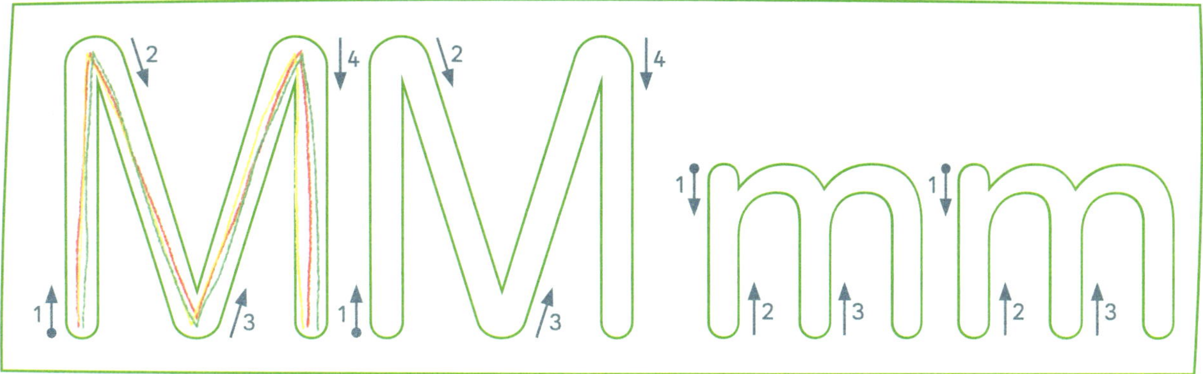

2

3

Mama	Moni	malt	immer
am	Meise	Oma	Mama
mit	Tom	im	Meer

1 den Buchstaben M m nachspuren
2 den Buchstaben M m und das Wort schreiben
3 den Buchstaben M m visuell diskriminieren

1 Handzeichen verwenden
3 einzelne Wörter lesen

Fibel, S. 18/19
Fö KV 14, 20

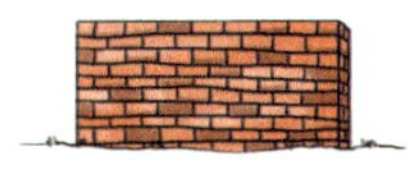

1 Vorhandensein des Lautes M m auditiv analysieren

2 Position des Lautes M m auditiv analysieren

Fibel, S. 18/19
Fö KV 12, KV 12
MK Laute 1, 2, 21

1

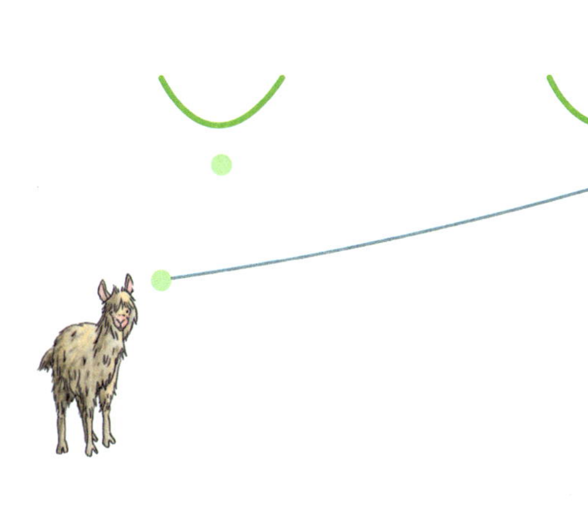

2

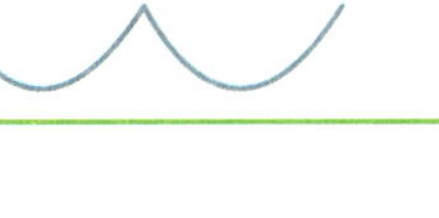

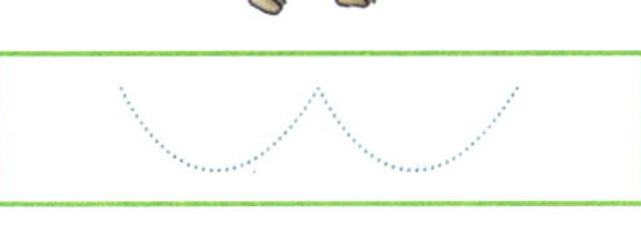

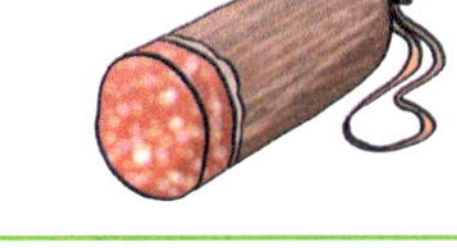

1 Wörter auf die Anzahl der Silben abhören
2 Anzahl der Silben schwingen

2 Vokale in Silbenbögen schreiben

Fibel, S. 18/19
Fö KV 16, 20, KV 16
MK Silben 5–8

1

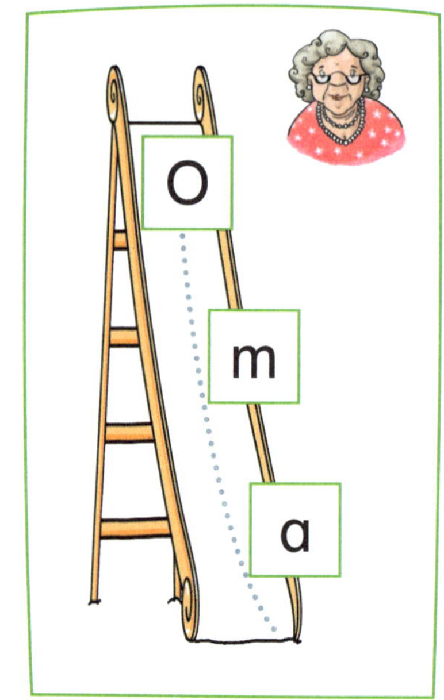

2

Mama malt malt Lama malt malen

Mann malt malt Lama malt mit

3

- Mama am 
- Oma am 

- Oma malt Mama.
- Mama malt Lea.

1 Silben/Wörter lesen
2 Ganzwort „malt" visuell diskriminieren
3 Wortgruppen/Sätze lesen, einem Bild zuordnen

1 „am" mit kurz gesprochenem Vokal
2 einzelne Wörter lesen

Fibel, S. 18/19
Fö KV 17, 19, 20, KV 17, 18
LMH, S. 7, MK Lesen 1

1

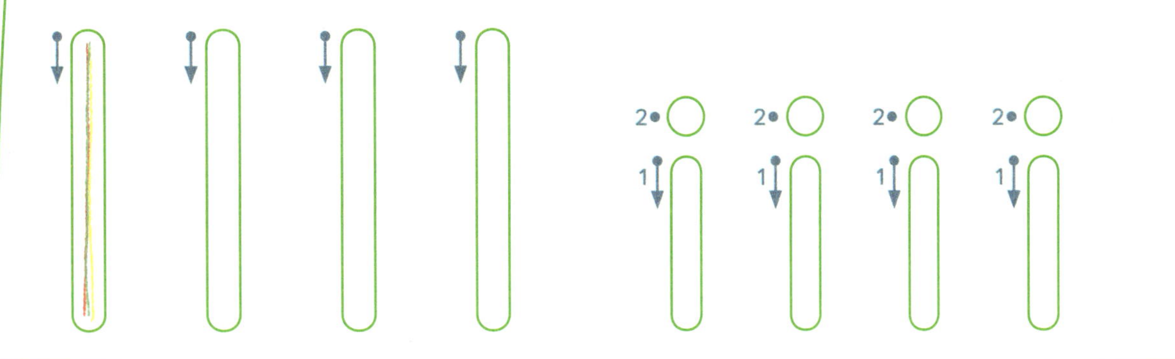

2

3

Igel	Iltis	im	Iglu
in	immer	Ida	Limo
mit	ist	Inliner	lila

1 den Buchstaben I i nachspuren
2 den Buchstaben I i und das Wort schreiben
3 den Buchstaben I i visuell diskriminieren

1 Handzeichen verwenden
3 einzelne Wörter lesen

Fibel, S. 20/21
Fö KV 14, 20

1

2

1 Vorhandensein des Lautes I i auditiv analysieren

2 Position des Lautes I i auditiv analysieren

2 schlechter hörbare Lautqualität in der letzten Zeile

Fibel, S. 20/21
Fö KV 12, 14, 18, KV 12
MK Laute 22

1

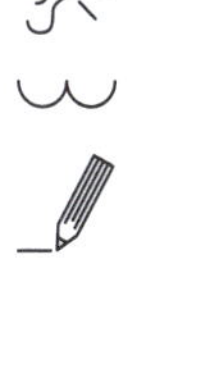

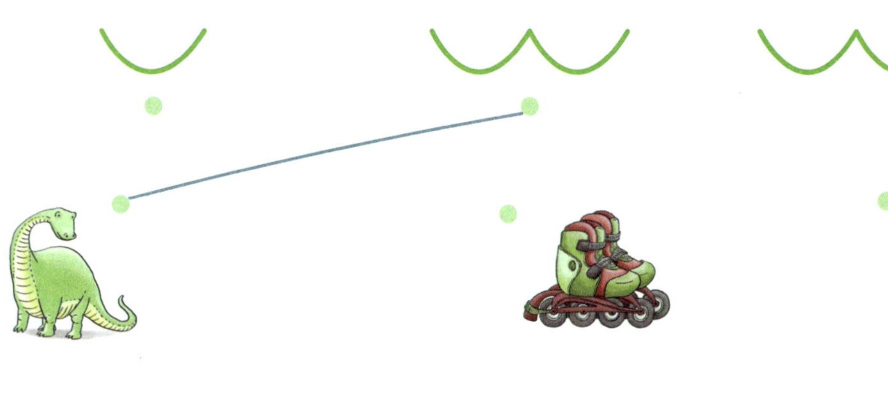

2

1 Wörter auf die Anzahl der Silben abhören
2 Anzahl der Silben schwingen

2 Vokale in Silbenbögen schreiben

Fibel, S. 20/21
Fö KV 16, 20, KV 16
MK Silben 5–8

1

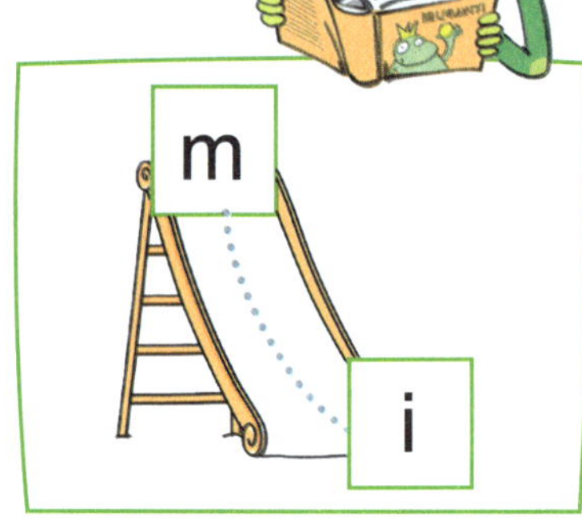

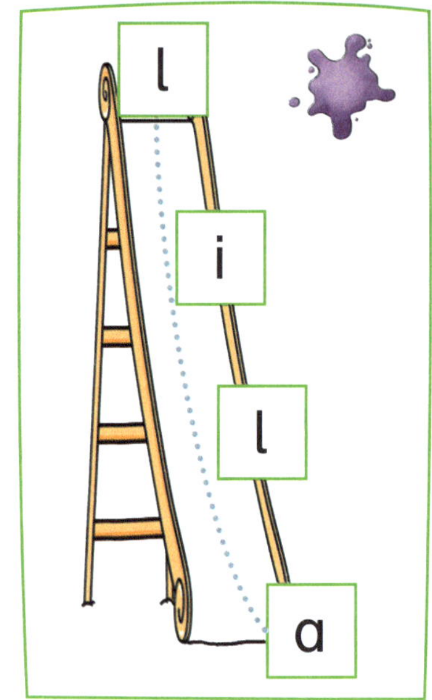

Mama im

Oma im

Oma im

Mama im

1 Silben/Wörter lesen
2 Wörter lesen und Bildern zuordnen
3 Wortgruppen lesen, einem Bild zuordnen

1 „im" mit kurz gesprochenem Vokal

Fibel, S. 20/21
Fö KV 17, 19, KV 18
LMH, S. 8, MK Lesen 2

S s

1

2

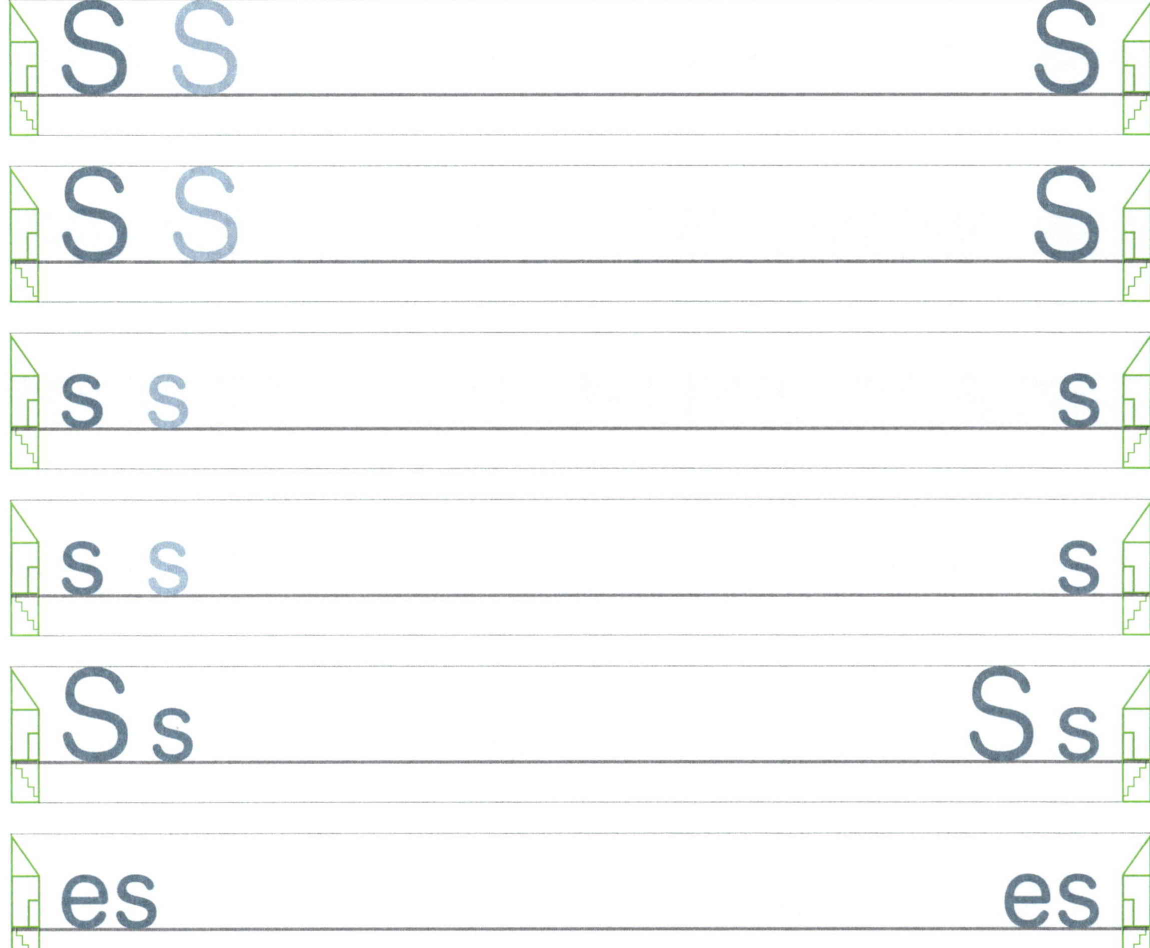

3

Seil	satt	es	Esel
sausen	See	Salat	lesen
Amsel	satt	Nase	Ast

1 den Buchstaben S s nachspuren
2 den Buchstaben S s und das Wort schreiben
3 den Buchstaben S s visuell diskriminieren

1 Handzeichen verwenden
3 einzelne Wörter lesen

Fibel, S. 22/23
Fö KV 14, 20, KV 14

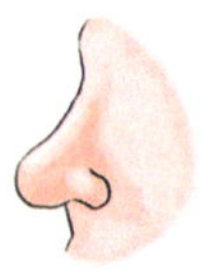

1 Vorhandensein des Lautes S s auditiv analysieren

2 Position des Lautes S s auditiv analysieren

Fibel, S. 22/23
Fö KV 13, 15, KV 13
MK Laute 3, 23

1

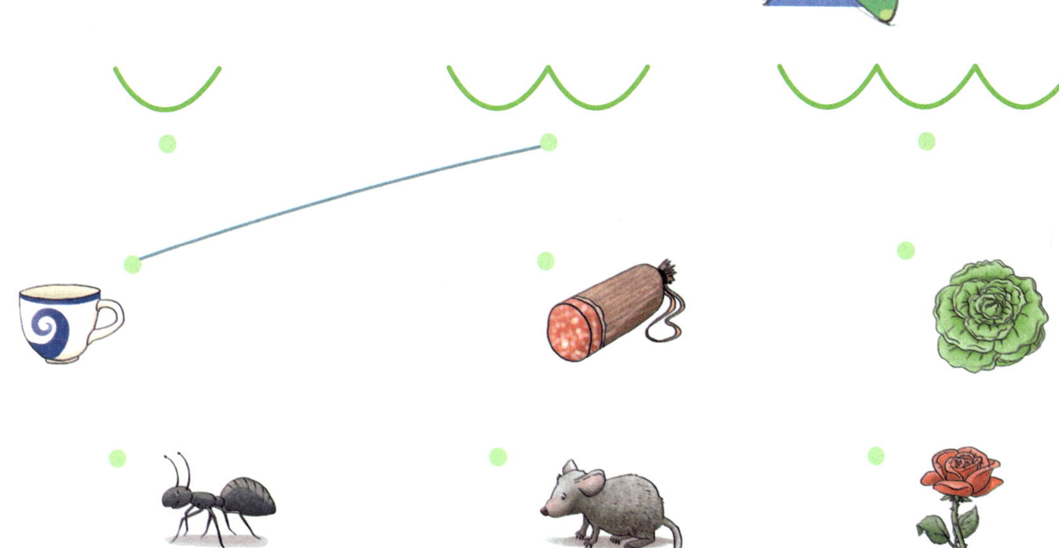

2

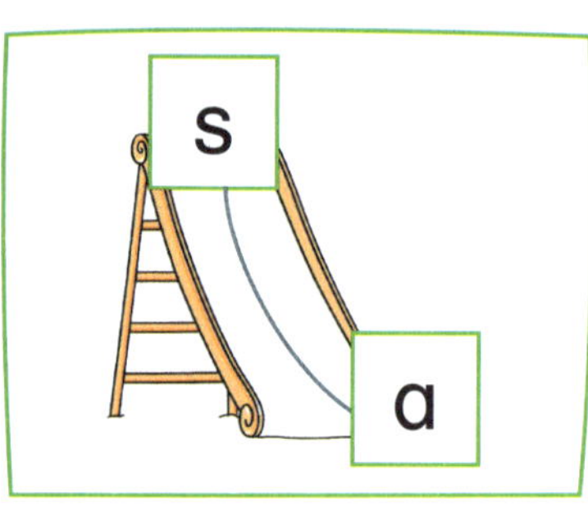

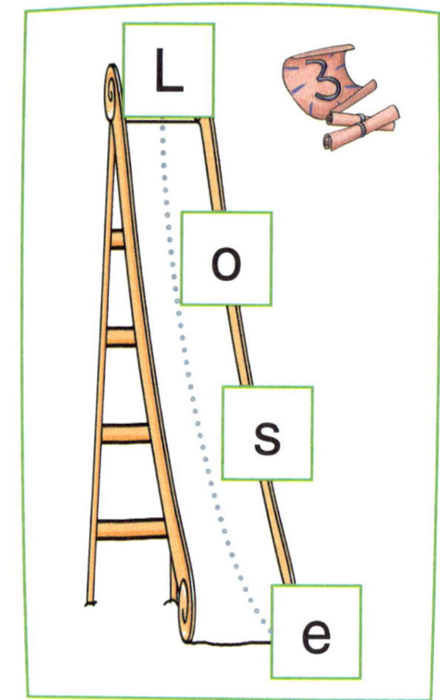

ist im ist in im ist mit in ist

in ist im im ist ist sei mit ist

Oma am See

Lea mit lila Lama

Mama ist im See.

1 Silben/Wörter lesen
2 Ganzwort „ist“ visuell diskriminieren
3 Wortgruppe/Sätze lesen, einem Bild zuordnen

2 einzelne Wörter lesen

Fibel, S. 22/23
Fö KV 17, 19, 20, KV 17, 18, 19
LMH, S. 9, MK Lesen 3

1

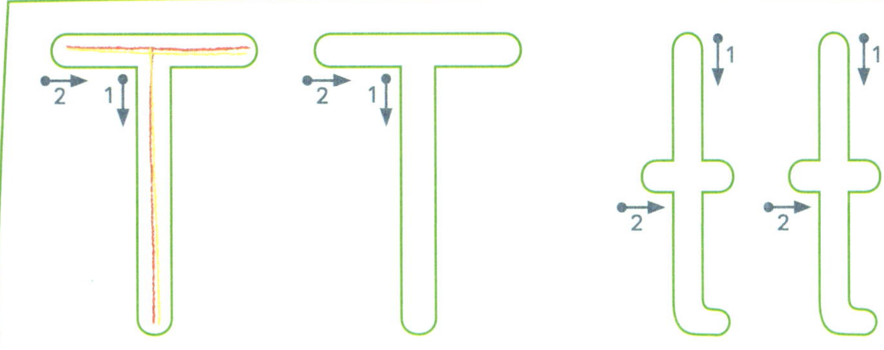

2

3

Tor	Toto	malt	mit
Elefant	Ast	Tiger	Toni
toll	Liste	ist	Tee

1 den Buchstaben T t nachspuren
2 den Buchstaben T t und das Wort schreiben
3 den Buchstaben T t visuell diskriminieren

1 Handzeichen verwenden
3 einzelne Wörter lesen

Fibel, S. 24/25
Fö KV 14, 20

1

T

t

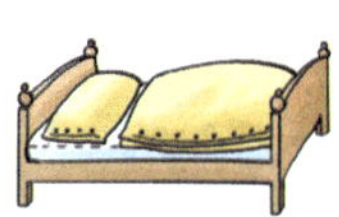

2

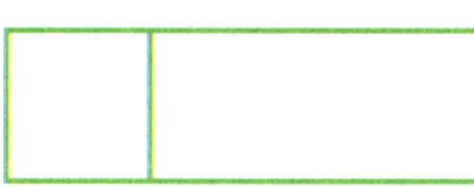

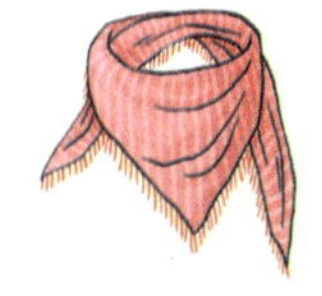

1 Vorhandensein des Lautes T t auditiv analysieren

2 Position des Lautes T t auditiv analysieren

Fibel, S. 24/25
Fö KV 13, 15, KV 13
MK Laute 4, 24

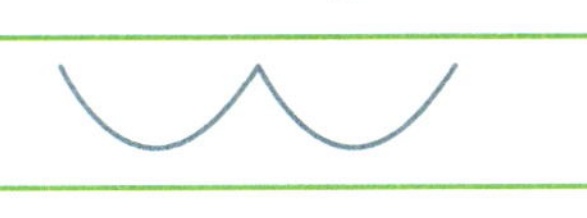

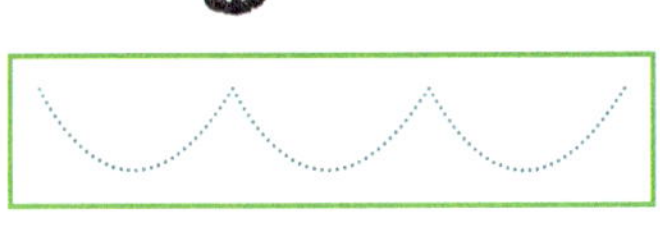

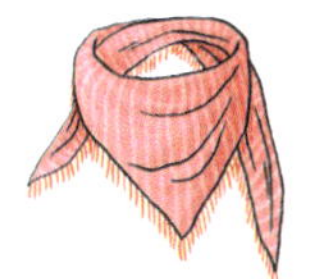

1 Wörter auf die Anzahl der Silben abhören
2 Anzahl der Silben schwingen

2 Vokale in Silbenbögen schreiben

Fibel, S. 24/25
Fö KV 16, 20, KV 16, 19
MK Silben 5–8

1

T i

T a s

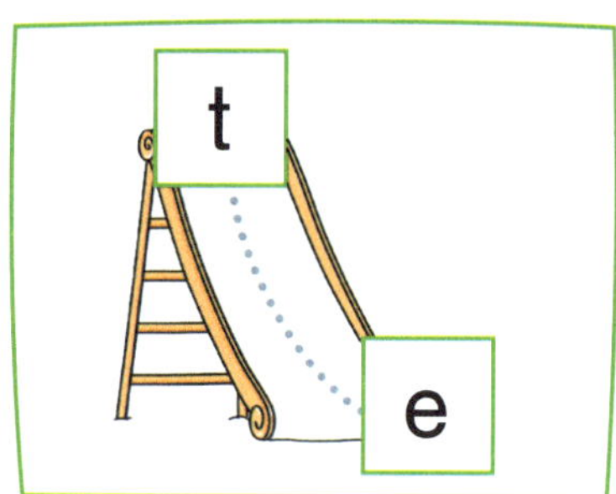

t e

M a t

i s t

m i t

2

Sa

lat

lo

La · ma · ta

Tas

to

se

Mat · to · te

3

Ole mit Matte

Lea mit Lama

1 Silben/Wörter lesen
2 Silben zu Wörtern verbinden
3 Wortgruppen lesen, einem Bild zuordnen

Fibel, S. 24/25
Fö KV 17, 19, 20, KV 15, 17, 19
LMH, S. 10–12, MK Lesen 4

Wörter aus Silben zusammensetzen 

START			Am	Lam	
Li	Ma		La		Sa
So	E		Lis		La
A	Mat			Le	To
Me					
		El			ZIEL

1 Spiel für 2 bis 4 Kinder: Um die gewürfelte Punktzahl vorrücken, dann zum zur Silbe passenden Bild vor- oder zurückspringen

RS, S. 2, 3
Fö KV 17, 19, 20, KV 19, 20

Wörter aus Silben zusammensetzen 

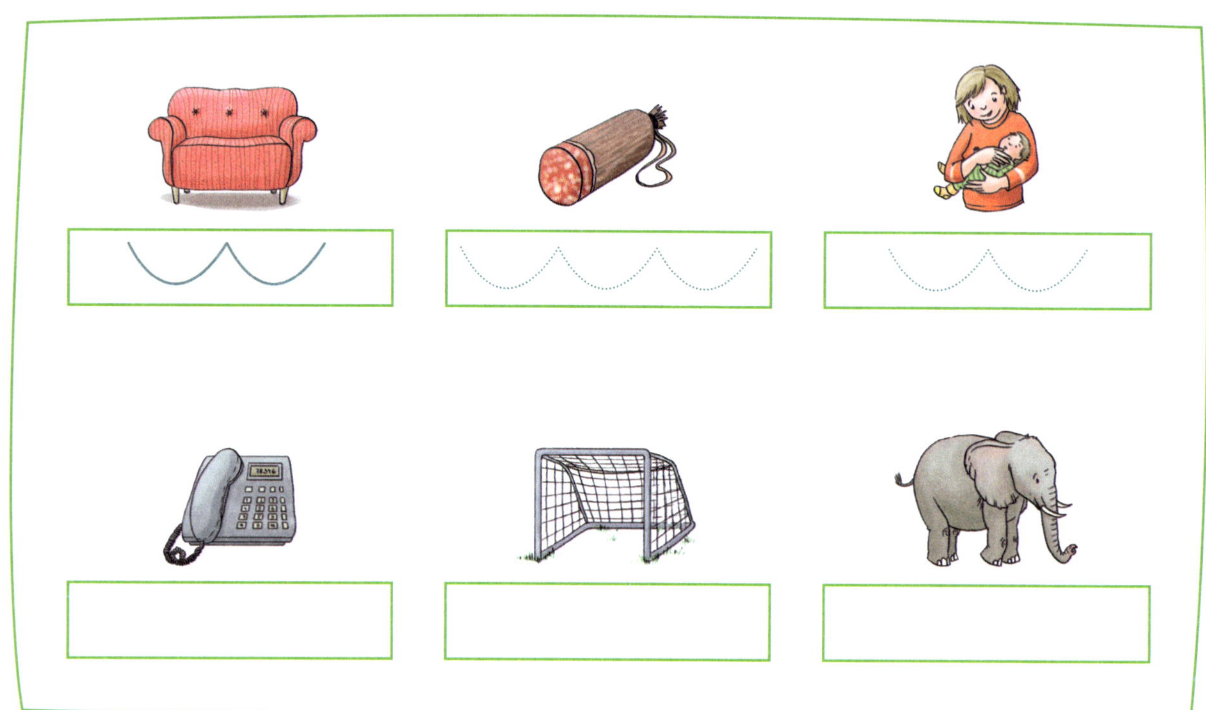

 Am  sel 

 La  ma 

 Sa  lat 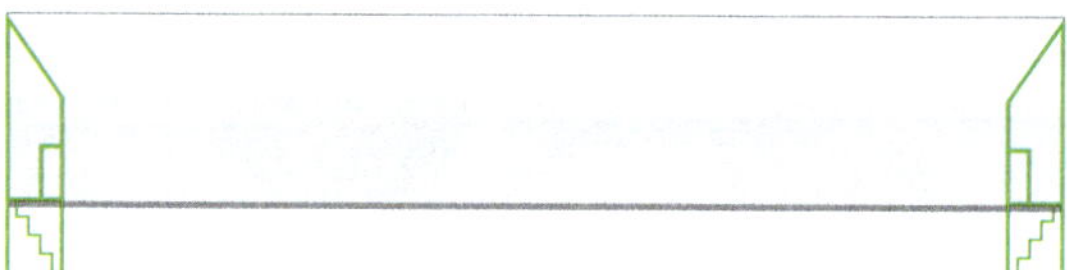

1 Anzahl der Silben schwingen
2 Silben zu Wörtern zusammensetzen und verschriften

1 Vokale in Silbenbögen schreiben

RS, S. 2, 3
Fö KV 19, 20, 21, KV 19, 20

1

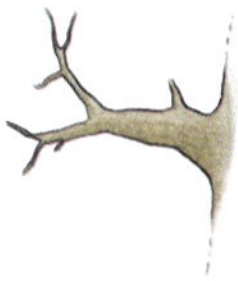

Ast, Ast

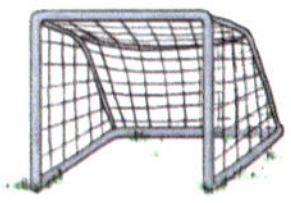

Tor, Tor

Ich kann Wörter in Linien schreiben.

2

M m	Mama	im	mit	Oma	Lama
I i	Insel	im	Kiwi	Lolli	lila

Ich kann Buchstaben in einem Wort finden.

3

S s

M m

Ich kann Laute in einem Wort hören.

1 Wörter in Lineatur schreiben
2 Buchstaben visuell diskriminieren
3 Position eines Lautes auditiv analysieren

2 einzelne Wörter/Text lesen

Das kann ich, S. 6, 7
LSTE 2
C

Das kann ich!

1

Ich kann Silben schwingen.

2

La • • ma

Tas • • se

Sa • • lat

Ich kann Wörter aus Silben zusammensetzen und schreiben.

3

Amsel mit Salat • •

Mama ist im See. • •

Ich kann Wortgruppen und Sätze lesen.

1 Wörter in Silben schwingen
2 Silben zu Wörtern verbinden und verschriften
3 Wortgruppe/Satz lesen, einem Bild zuordnen

Das kann ich, S. 6, 7
LSTE 2
C

1

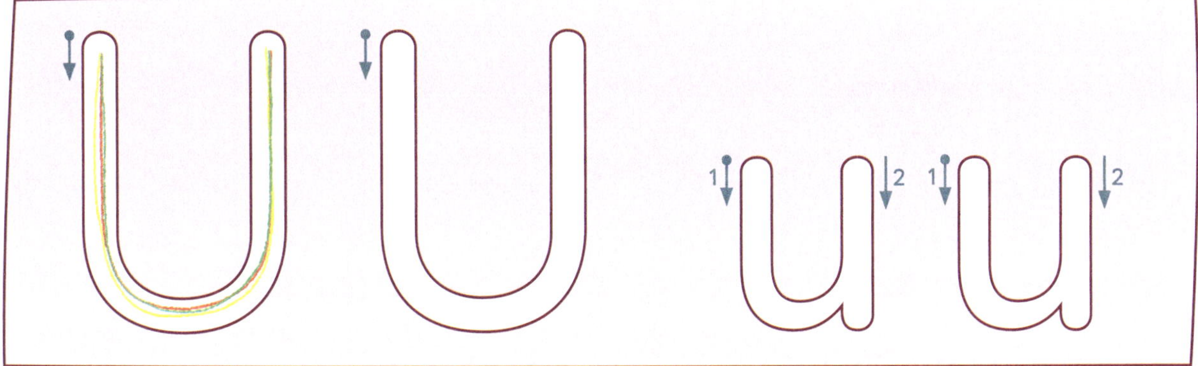

2

3

Ulme	Mut	uralt	zum
uns	Ufo	du	unter
um	Museum	Uli	Emu

1 den Buchstaben U u nachspuren

2 den Buchstaben U u und das Wort schreiben

3 den Buchstaben U u visuell diskriminieren

1 Handzeichen verwenden

3 einzelne Wörter lesen

Fibel, S. 30/31
Fö KV 24

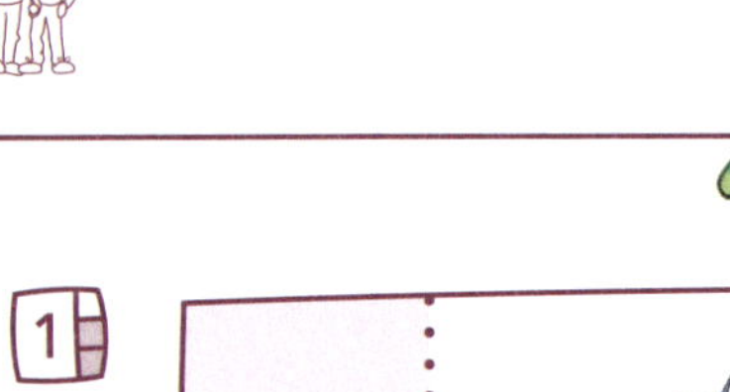

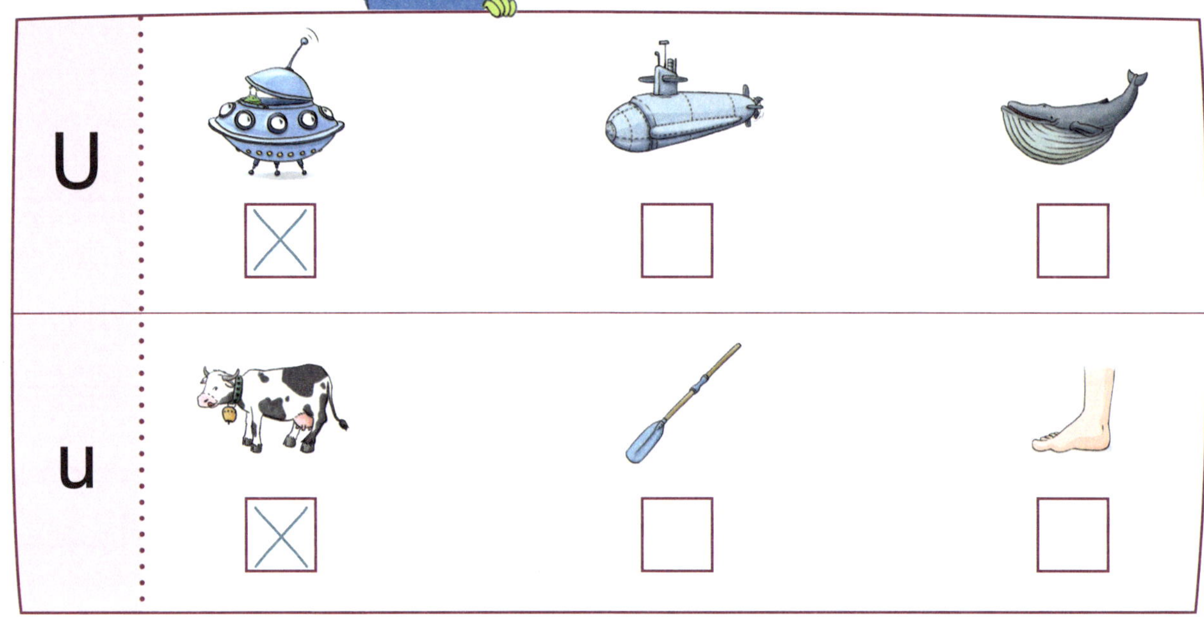

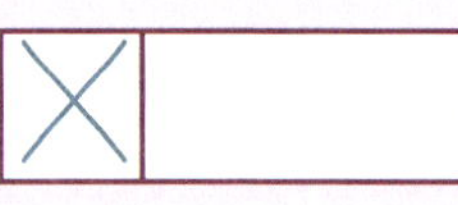

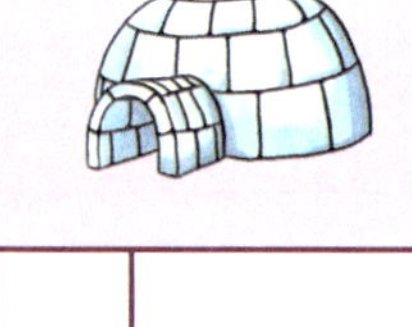

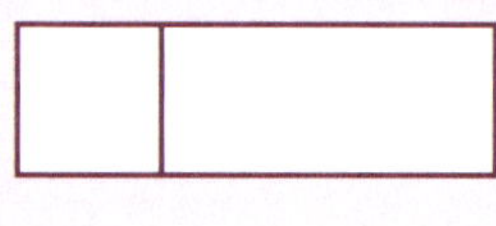

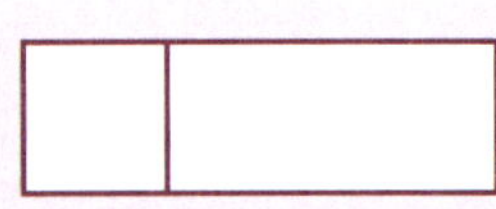

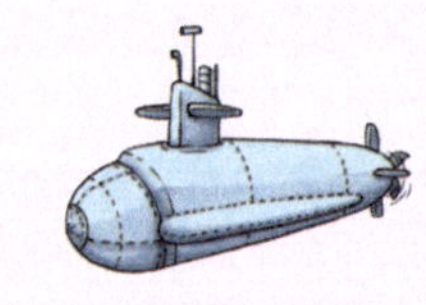

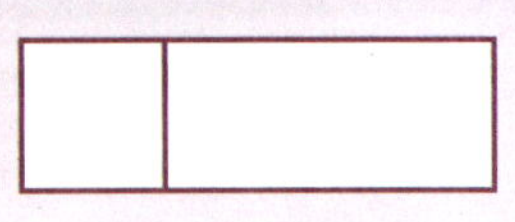

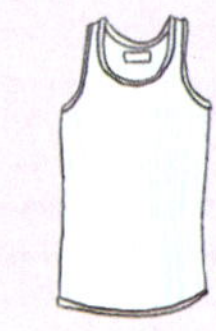

1 Vorhandensein des Lautes U u auditiv analysieren

2 Position des Lautes U u auditiv analysieren

2 schlechter hörbare Lautqualität in der letzten Zeile

Fibel, S. 30/31
Fö KV 29, 30
MK Laute 4, 5, 25

1

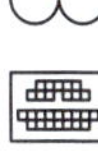

2

ma	me	mi	mu
sa	se	si	su
la	le	li	lu
am	em	im	um
sam	sem	sim	sum

1 Anzahl der Silben schwingen, Vokale/Silben der dick gedruckten Silbenbögen verschriften
2 Silbenteppich lesen

1 Silben/Wörter verschriften
2 Silben mit kurz gesprochenen Vokalen in den letzten Zeilen

Fibel, S. 30/31
Fö KV 27

am im

Museum

Mammut

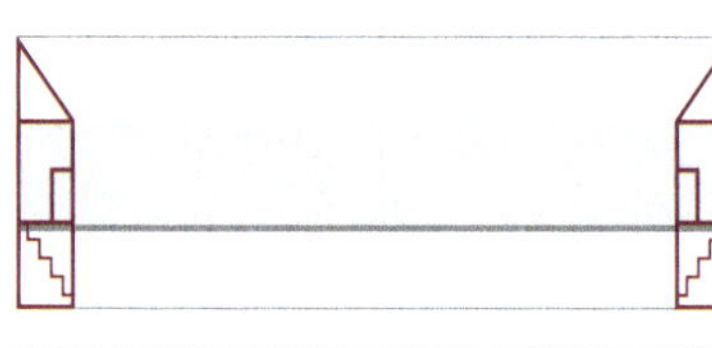

Museum

Mammut

ein an eine nein ein mein nein

eine ein an nein ein seine mein

Ali ist im Museum.

Male ein Mammut.

1 „am“/„im“ passend einsetzen
2 Ganzwort „ein“ visuell diskriminieren
3 Satz lesen und dazu ein Bild malen

2 einzelne Wörter lesen

Fibel, S. 30/31
Fö KV 22, KV 22
LMH, S. 13, MK Lesen 5, 17

R r

1

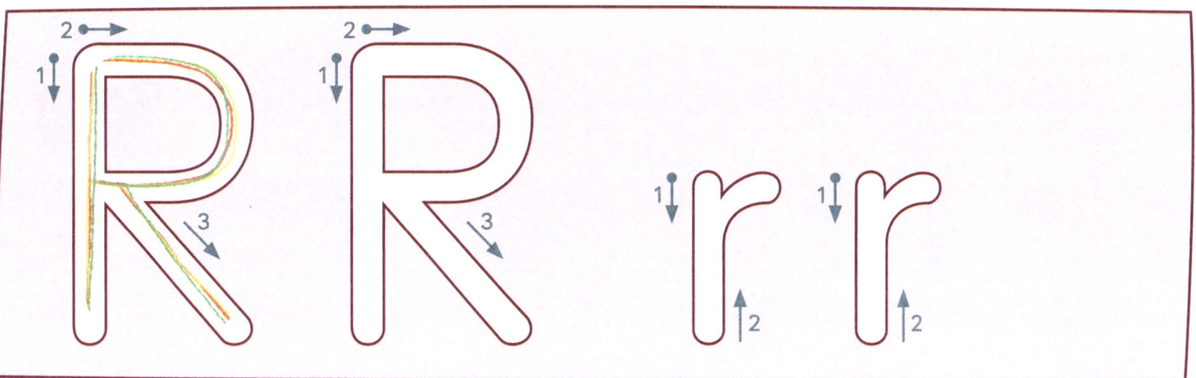

2

R R R

R R R

r r r

r r r

R r R r

rot rot

3

Roller	rot	mir	Rose
Ritter	der	rosa	reiten
Rabe	Tor	Rest	Rassel

1 den Buchstaben R r nachspuren
2 den Buchstaben R r und das Wort schreiben
3 den Buchstaben R r visuell diskriminieren

1 Handzeichen verwenden
3 einzelne Wörter lesen

Fibel, S. 32/33
Fö KV 24

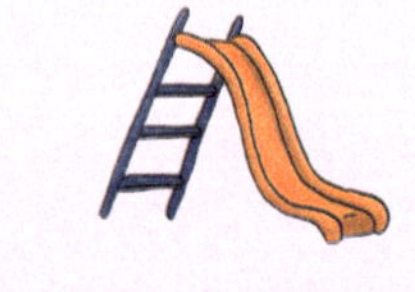

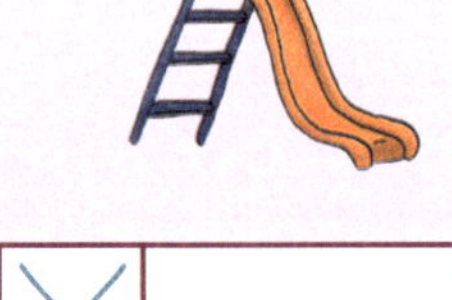

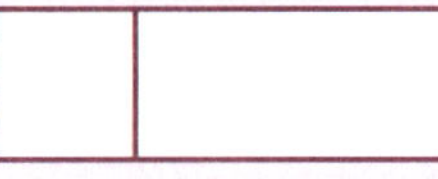

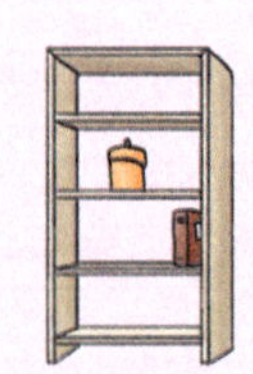

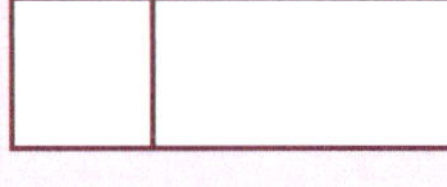

1 Vorhandensein des Lautes R r auditiv analysieren

2 Position des Lautes R r auditiv analysieren

Fibel, S. 32/33
Fö KV 30
MK Laute 26

1

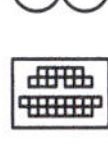

2

ra	re	ri	ro
ma	me	mi	mo
sa	se	so	su
ta	te	to	tu
er	es	ist	Ast
ras	ros	rum	ram

1 Anzahl der Silben schwingen, Vokale/Silben der dick gedruckten Silbenbögen verschriften
2 Silbenteppich lesen

1 Silben/Wörter verschriften
2 Silben mit kurz gesprochenen Vokalen in den letzten Zeilen

Fibel, S. 32/33
Fö KV 27, KV 27

ein eine

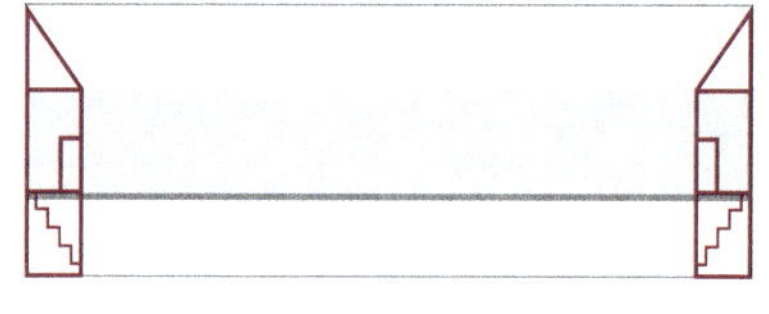

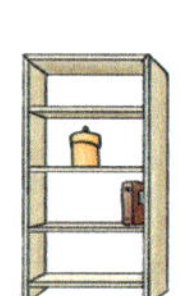

im Nest

mit Rose

am Meer

mit Roller

1 „ein“ / „eine“ passend einsetzen

2 Wortgruppe lesen und dazu ein Bild ergänzen

Fibel, S. 32/33
LMH, S. 14, MK Lesen 6, 18
Fö KV 23, KV 23, 27

N n

1

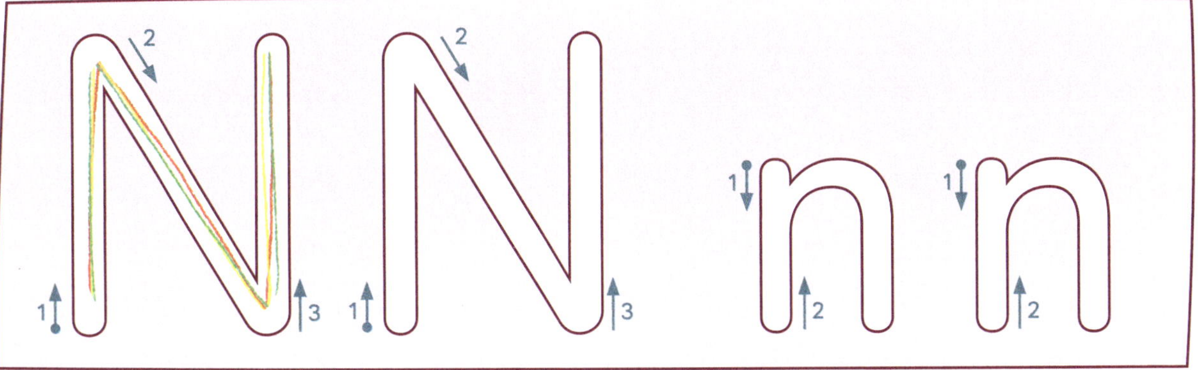

2

3

Tinte	Nadel	nur	Nase
Ente	Nashorn	nun	Note
neun	gern	an	in

1 den Buchstaben N n nachspuren
2 den Buchstaben N n und das Wort schreiben
3 den Buchstaben N n visuell diskriminieren

1 Handzeichen verwenden
3 einzelne Wörter lesen

Fibel, S. 34/35
Fö KV 24

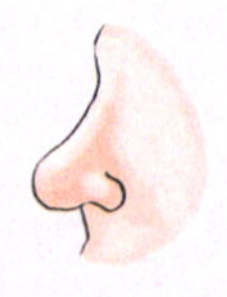

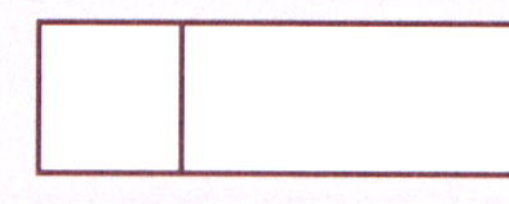

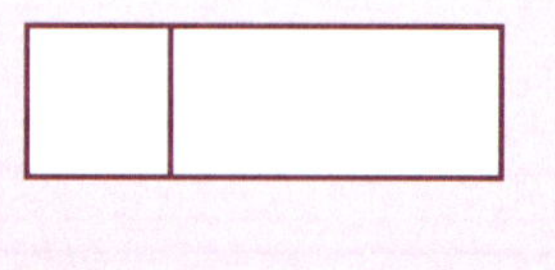
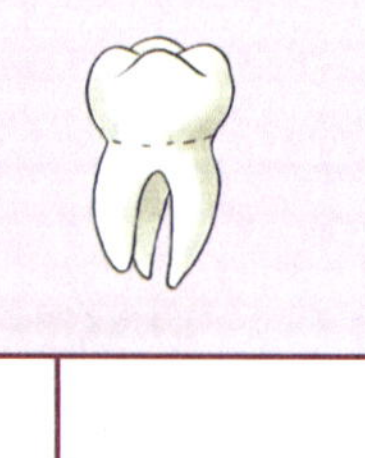

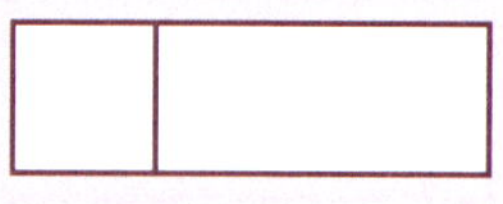

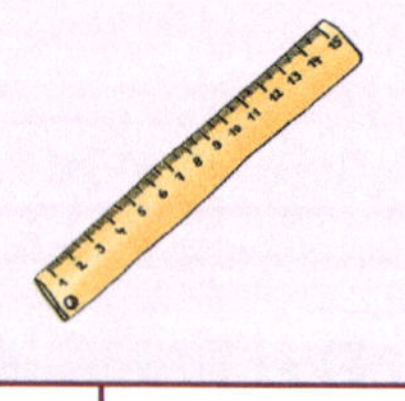
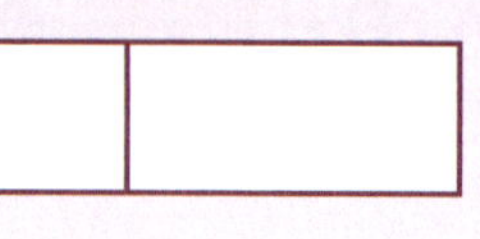

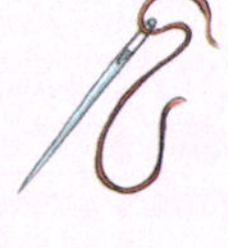
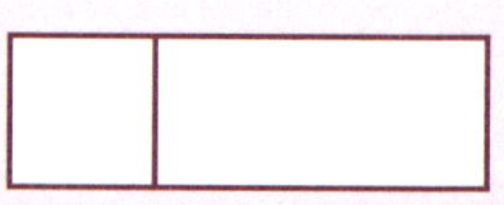

1 Vorhandensein des Lautes N n auditiv analysieren

2 Position des Lautes N n auditiv analysieren

Fibel, S. 34/35
Fö KV 25, 30, KV 25
MK Laute 7, 27

1

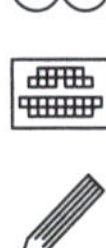

Nu

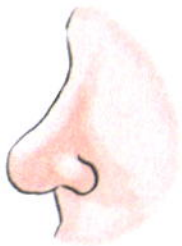

2

1 Anzahl der Silben schwingen, Vokale/Silben der dick gedruckten Silbenbögen verschriften

2 freies Schreiben mit der Anlauttabelle

1 Silben/Wörter verschriften

2 Wörter/Texte auf individuellem Niveau verfassen

Fibel, S. 34/35
Fö KV 27, 29, KV 27

Na	Ne	No	Nu
Ra	Re	Ro	Ru
ra	re	ri	ro
na	ne	ni	no
an	in	am	im
rol	mur	sol	sel

ein Dino

eine Sonne

eine Melone

eine Insel

1 Silbenteppich lesen
2 Wörter lesen und dazu ein Bild malen

1 Silben mit kurz gesprochenen Vokalen in den letzten Zeilen

Fibel, S. 34/35
KV 24
LMH, S. 15, MK Lesen 7, 19

D d

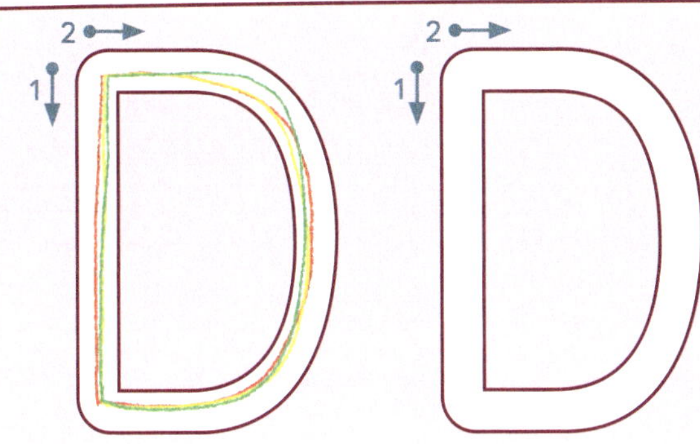

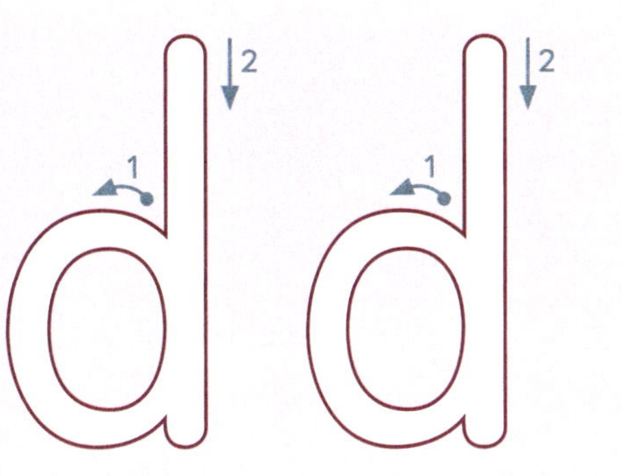

der	Drache	Dino	drei
Runde	das	Dreirad	du
dort	sind	Domino	und

1 den Buchstaben D d nachspuren
2 den Buchstaben D d und das Wort schreiben
3 den Buchstaben D d visuell diskriminieren

1 Handzeichen verwenden
3 einzelne Wörter lesen

Fibel, S. 36/37
Fö KV 24

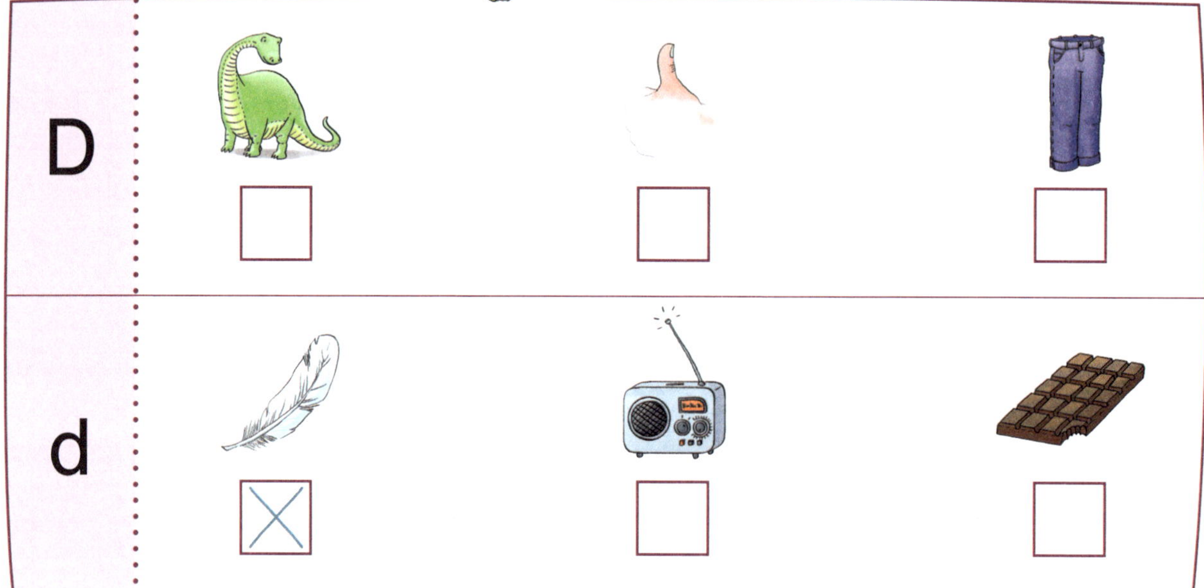

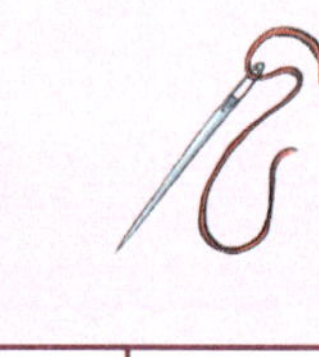

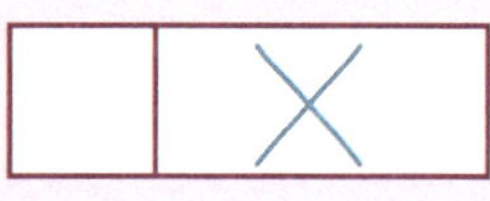
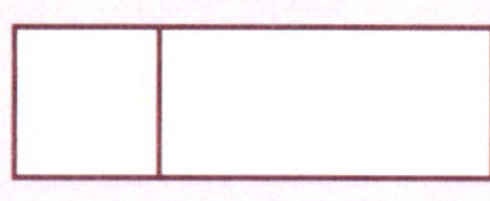
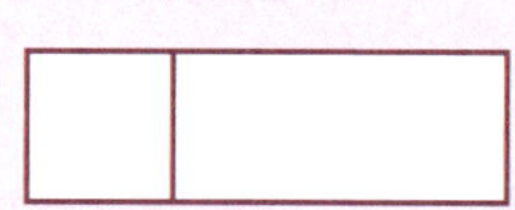

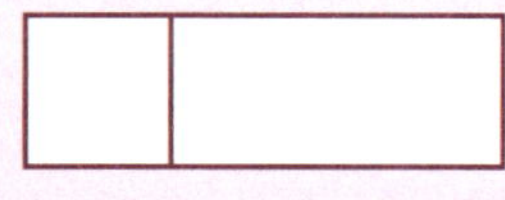

1 Vorhandensein des Lautes D d auditiv analysieren

2 Position des Lautes D d auditiv analysieren

Fibel, S. 36/37
Fö KV 25, 29, 30, KV 25
MK Laute 8, 28

2

~~Dino~~ Dose Nadel Nudel

Di	• — •	no	Dino
Do	• •	del	
Nu	• •	se	
Na	• •	del	

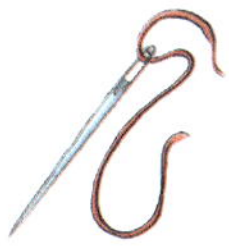

1 Anzahl der Silben schwingen, Vokale/Silben der dick gedruckten Silbenbögen verschriften

2 Silben zu Wörtern verbinden und verschriften

1 Silben/Wörter verschriften

Fibel, S. 36/37
Fö KV 22, 27, KV 27

da	de	do	du
Da	De	Do	Du
na	ne	no	nu
las	ras	rol	ter
del	mel	rel	sel

der die das

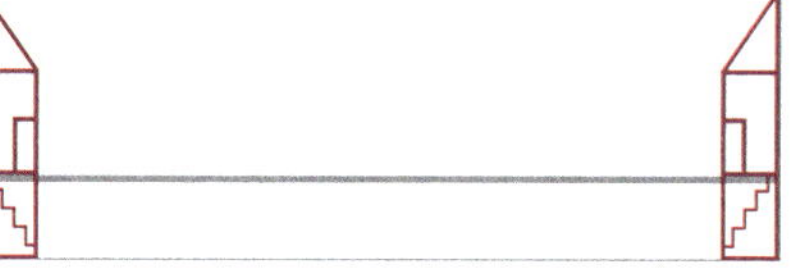

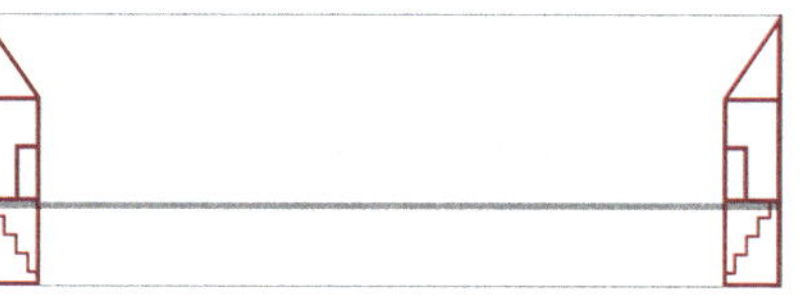

der Mond die Sonne ein Rad

1 Silbenteppich lesen
2 bestimmten Artikel passend aufschreiben
2 Wörter lesen und dazu ein Bild malen

1 Silben mit kurz gesprochenen Vokalen in den letzten Zeilen

Fibel, S. 36/37
Fö KV 26, 28, KV 26, 28
LMH, S. 16–18, MK Lesen 8, 20

Sterne in Silben hören

Sterne heißen auch Selbstlaute.

Das sind unsere Sterne.

A a E e O o I i U u

1

⚀ A a ⚁ E e ⚂ I i ⚃ O o ⚄ U u ⚅ alle

Wörter		
Tinte	 T u rm	 T … nt …
Arm	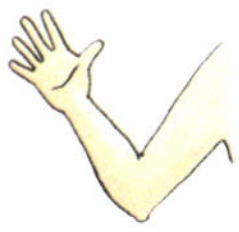 … rm	 D … m … n …
Nest	 N … st	 R … s …
Mund	 M … nd	 D … n …
Domino	 … mu	 T … m … t …
Emu		
Tomate		
~~Turm~~		
Dino		
Rose		

1 Spiel für 2 bis 3 Kinder: Vokale je nach gewürfelter Zahl einsetzen. Wer zuerst fünf Wörter richtig vervollständigt, gewinnt.

1 Anzahl der erforderlichen richtigen Wörter kann verändert werden

RS, S. 1, 2, 5
Fö KV 29, 30, KV 29, 30

Sterne in Silben hören 

1

2

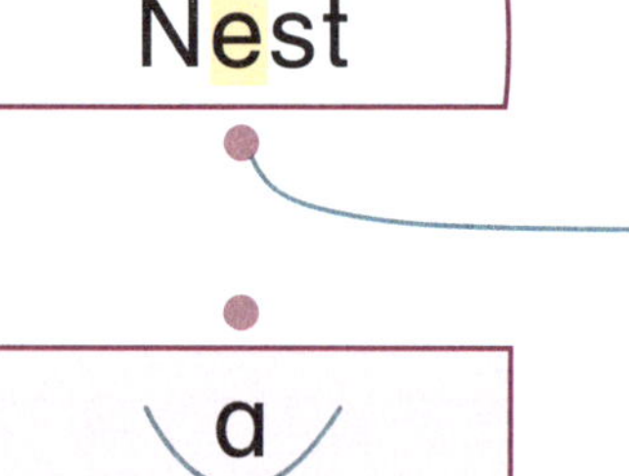

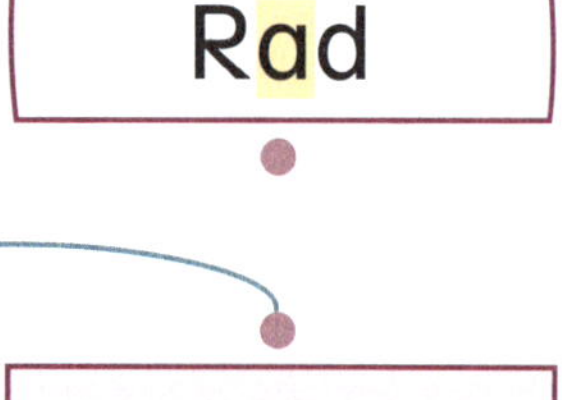

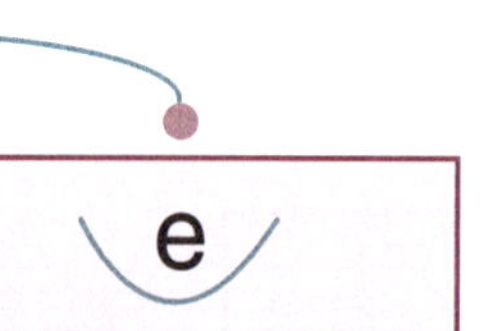

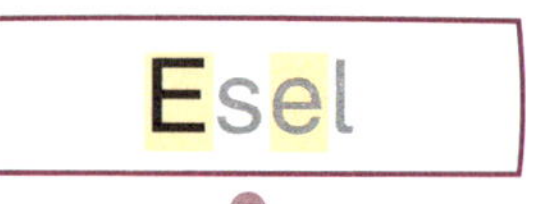

Denke daran:
A a, E e, I i, O o, U u sind Sterne.
In jeder Silbe ist ein Stern.

3

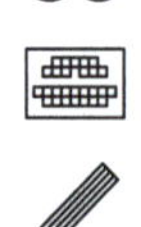

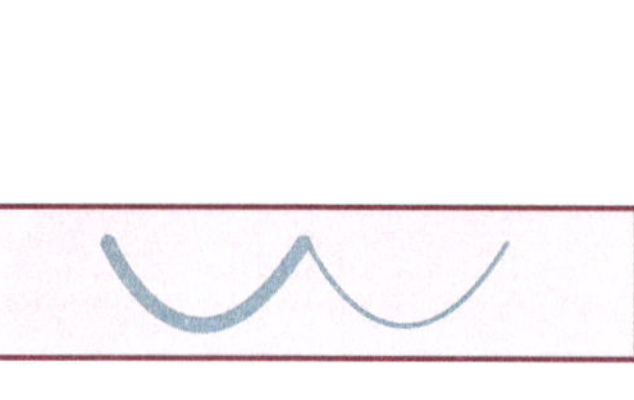

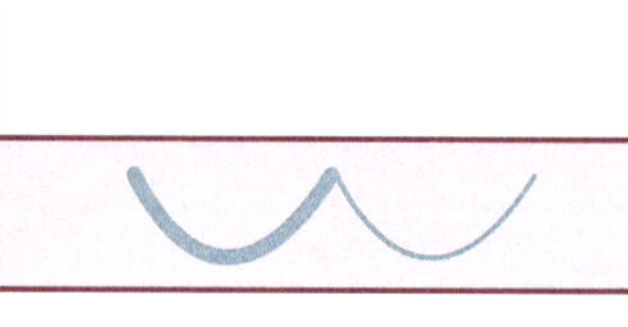

1 Wörter in Silben schwingen, Vokale markieren
2 Vokale markieren, mit Silbenstruktur verbinden
3 Anzahl der Silben schwingen

3 Silben/Wörter verschriften

RS, S. 1, 2, 5
Fö KV 29, 30, KV 29, 30

1

Lea mit Rose

Ali im Tor

Ole mit Lea

Ich kann Wortgruppen in Linien schreiben.

2

R
r

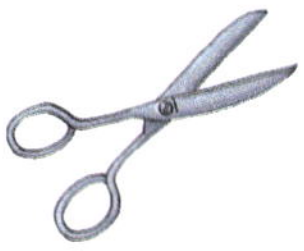

Ich kann Laute in einem Wort hören.

3

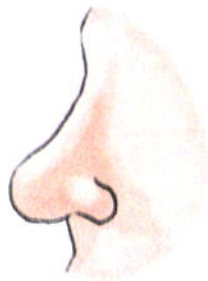

Ich kann Silben schwingen und Silben lauttreu schreiben.

Das kann ich!

1

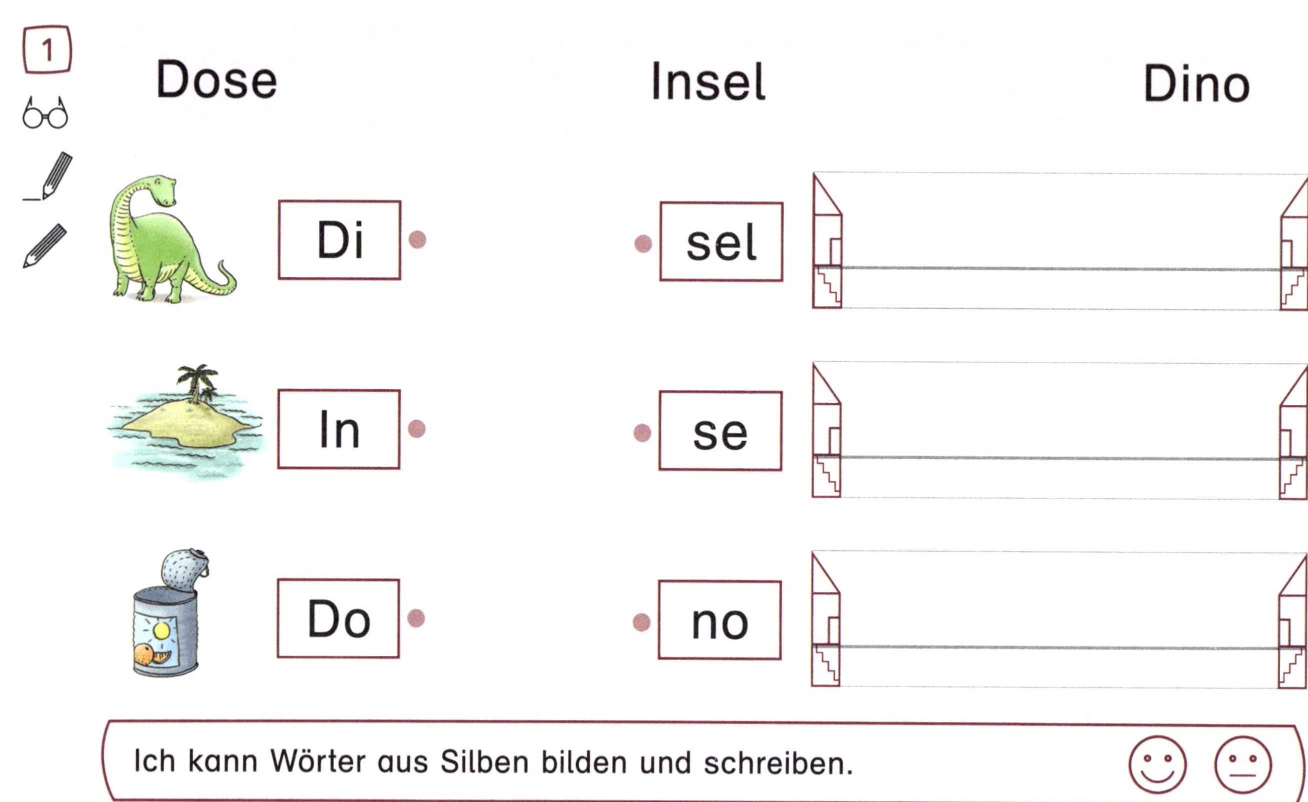

Dose Insel Dino

Di • • sel

In • • se

Do • • no

Ich kann Wörter aus Silben bilden und schreiben.

2

ra	re	ro	ru
di	da	de	do
No	Nu	Na	Ne
sim	sam	sum	som
nen	sen	nas	sam

Ich kann Silben lesen.  

1 Silben zu Wörtern verbinden und verschriften
2 Silbenteppich lesen

2 Silben mit kurz gesprochenen Vokalen in den letzten Zeilen

Das kann ich, S. 8, 9
LSTE 3

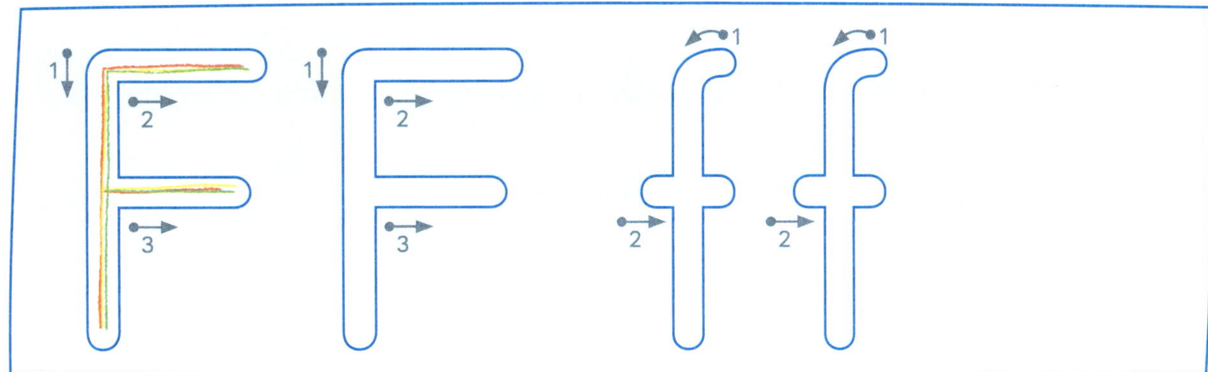

3

Fisch	Sofa	fest	Schaf
Foto	Affe	für	fast
Delfin	Ufo	frei	Telefon

1 den Buchstaben F f nachspuren
2 den Buchstaben F f und das Wort schreiben
3 den Buchstaben F f visuell diskriminieren

1 Handzeichen verwenden
3 einzelne Wörter lesen

Fibel, S. 42/43
Fö KV 32

1

2

1 Vorhandensein des Lautes F f auditiv analysieren

2 Position des Lautes F f auditiv analysieren

Fibel, S. 42/43
MK Laute 9, 29

1

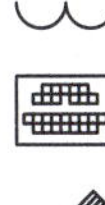

2

fa	fe	fi	fo	fu
da	de	di	do	du
Fa	Fe	Fi	Fo	Fu
Da	De	Di	Do	Du
raf	ren	nis	nas	ler
fan	fen	fil	fer	fut

1 Anzahl der Silben schwingen, Vokale/Silben der dick gedruckten Silbenbögen verschriften
2 Silbenteppich lesen

1 Silben/Wörter verschriften
2 Silben mit kurz gesprochenen Vokalen in den letzten Zeilen

Fibel, S. 42/43
MK Silben 9

1 Ist alles da?

- [x] die Fee
- [ ] der Fluss
- [ ] das Ufo
- [ ] das Foto
- [ ] der Affe
- [ ] der Elefant

2

Filo | findet | Finn.

Filo findet Finn.

Finn | futtert | Melonen.

Finn | ruft | Filo.

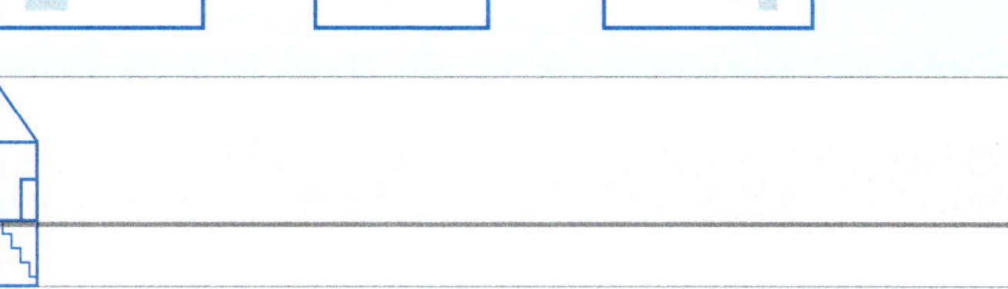

1 Wörter lesen, auf dem Bild erkennen und ankreuzen
2 Wörter zu Sätzen ordnen und verschriften

2 Methode zur Bearbeitung: Satzbeginn und -ende markieren

Fibel, S. 42/43
KV 32, LMH, S. 19
MK Lesen 21, 51

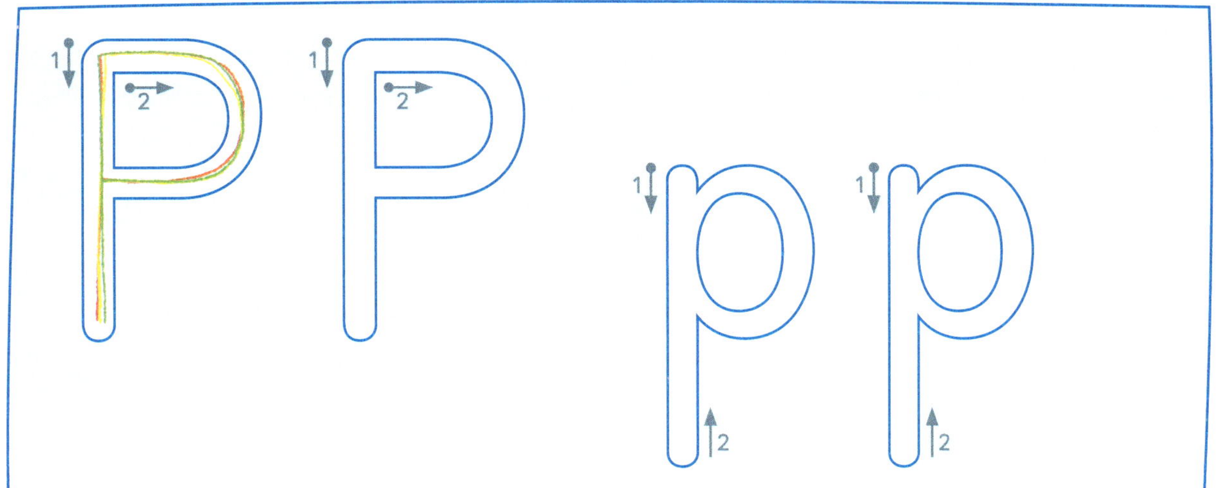

3

Pirat	Papa	Paprika	Suppe
Lupe	paar	Lampe	plumpsen
Opa	Pudel	pusten	Palme

1 den Buchstaben P p nachspuren
2 den Buchstaben P p und das Wort schreiben
3 den Buchstaben P p visuell diskriminieren

1 Handzeichen verwenden
3 einzelne Wörter lesen

Fibel, S. 44/45
Fö KV 32

1 Vorhandensein des Lautes P p auditiv analysieren

2 Position des Lautes P p auditiv analysieren

Fibel, S. 44/45
MK Laute 10, 30

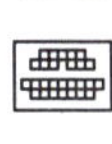

Pirat

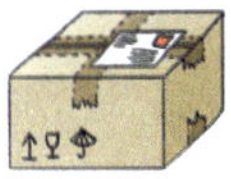

pa	pe	pi	po	pu
Pa	Pe	Pi	Po	Pu
Pin	Pum	Pal	Pap	Pup
pel	del	mel	sel	tel

1 Anzahl der Silben schwingen, Vokale/Silben der dick gedruckten Silbenbögen verschriften
2 Silbenteppich lesen

1 Silben/Wörter verschriften
2 Silben mit kurz gesprochenen Vokalen in den letzten Zeilen

Fibel, S. 44/45
MK Silben 10

1 Ist alles da?

- [ ] die Ampel
- [x] der Pirat
- [ ] die Palme
- [ ] die Puppe
- [ ] die Lupe
- [ ] die Pistole

2

Opa | rudert.

Papa | nimmt | die Lupe.

Finn | ist | an der Palme.

1 Wörter lesen, auf dem Bild erkennen und ankreuzen
2 Wörter zu Sätzen ordnen und verschriften

2 Methode zur Bearbeitung: Satzbeginn und -ende markieren

Fibel, S. 44/45
Fö KV 33, KV 33
LMH, S. 20, MK Lesen 22

Sch sch

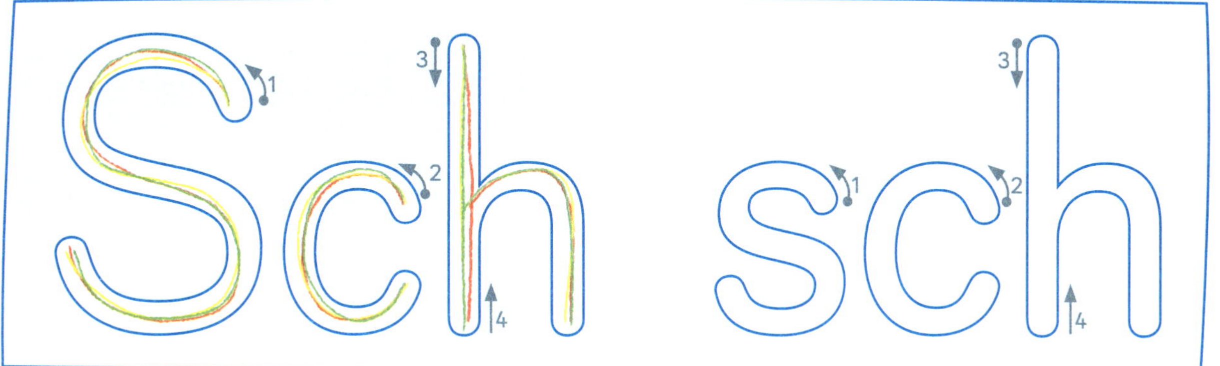

Sch Sch Sch

Sch Sch Sch

sch sch sch

sch sch sch

Schiff Schiff

Fisch Fisch

Schiff	rasch	schummeln
Dusche	Flasche	Schachtel
frisch	Tasche	Muschel

1 die Buchstaben Sch sch nachspuren
2 die Buchstaben Sch sch und Wörter schreiben
3 die Buchstaben Sch sch visuell diskriminieren

1 Handzeichen verwenden
3 einzelne Wörter lesen

Fibel, S. 46/47
Fö KV 36

1

2

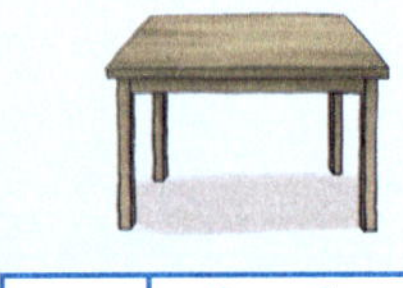

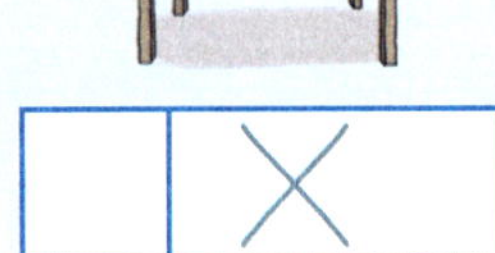

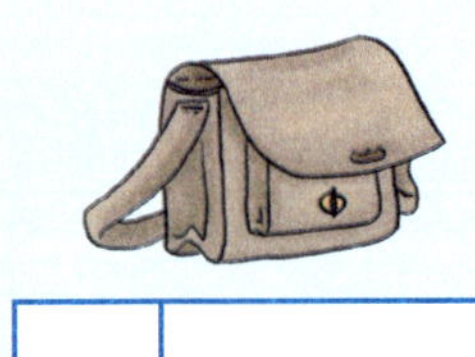

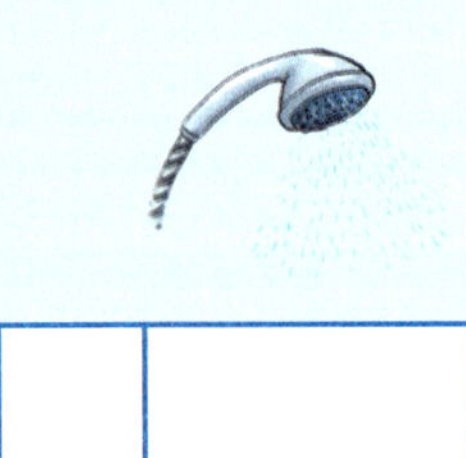

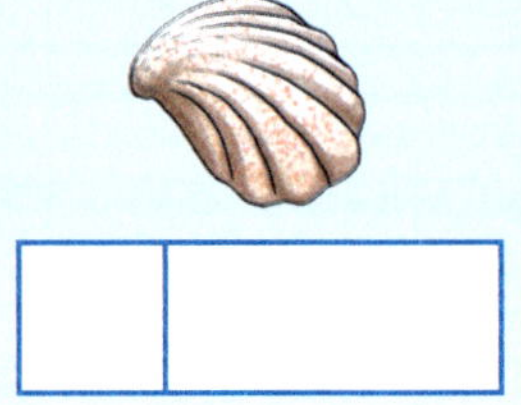

1 Vorhandensein des Lautes Sch sch auditiv analysieren

2 Position von Sch sch auditiv analysieren

Fibel, S. 46/47
MK 43, 47

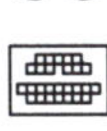

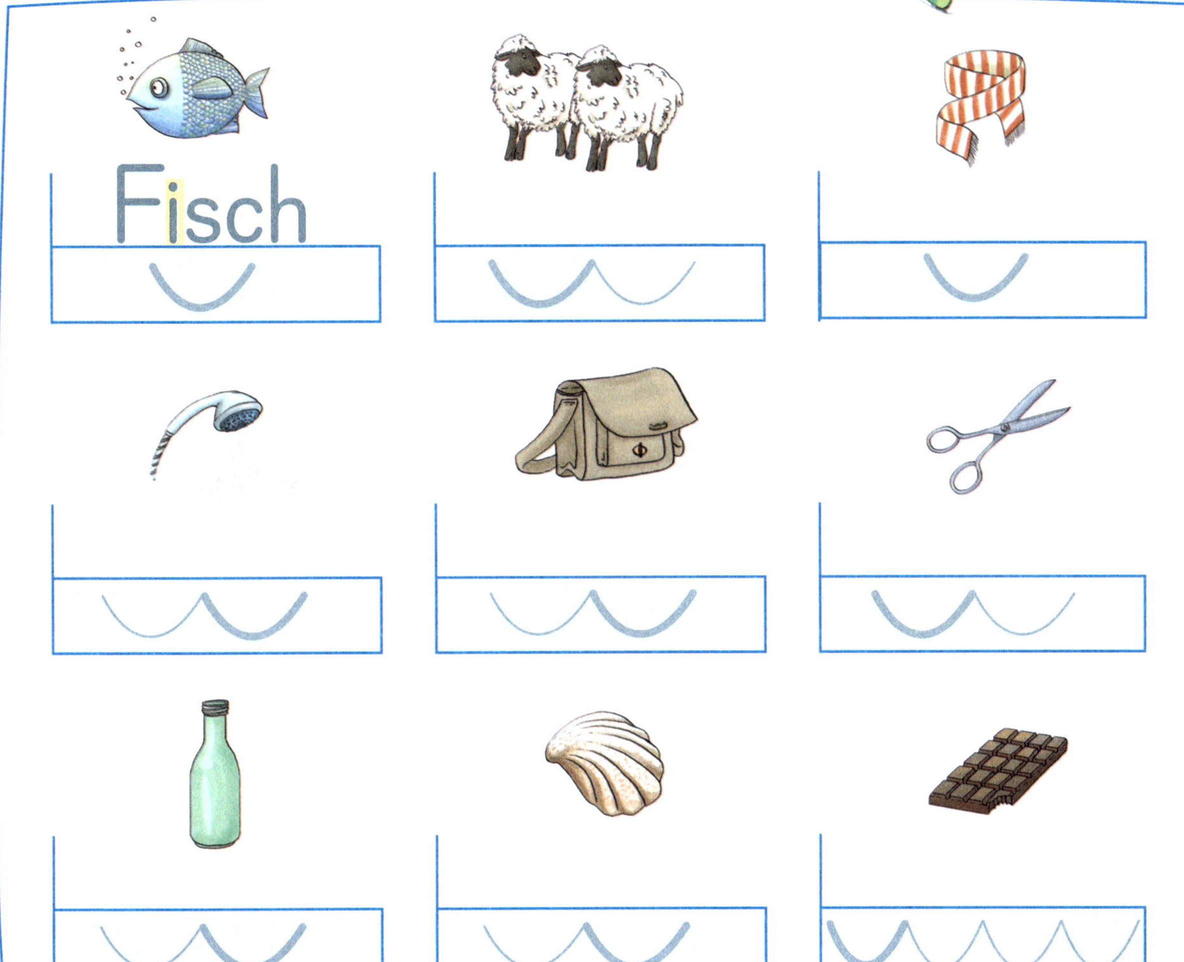

1 Anzahl der Silben schwingen, Vokale/Silben der dick gedruckten Silbenbögen verschriften

2 freies Schreiben mit der Anlauttabelle

1 Silben/Wörter verschriften

2 Wörter/Texte auf individuellem Niveau verfassen

Fibel, S. 46/47
MK Silben 11

Sch sch

1 Ist alles da?

- [x] die Tasche
- [ ] die Schuhe
- [ ] die Muschel
- [ ] das Schiff
- [ ] die Flasche
- [ ] der Schal

2

Papa | schleppt | die Tasche.

Papa

Finn | ist | auf dem Schiff.

Er | findet | die Perlen.

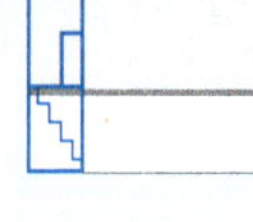

1 Wörter lesen, auf dem Bild erkennen und ankreuzen

2 Wörter zu Sätzen ordnen und verschriften

2 Methode zur Bearbeitung: Satzbeginn und -ende markieren

Fibel, S. 46/47
Fö KV 34, 36, KV 34
LMH, S. 21, MK Lesen 23, 52

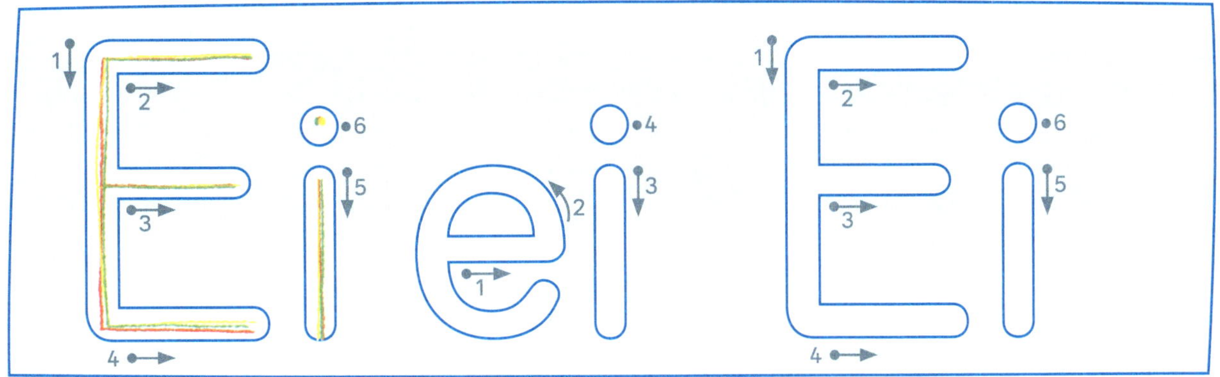

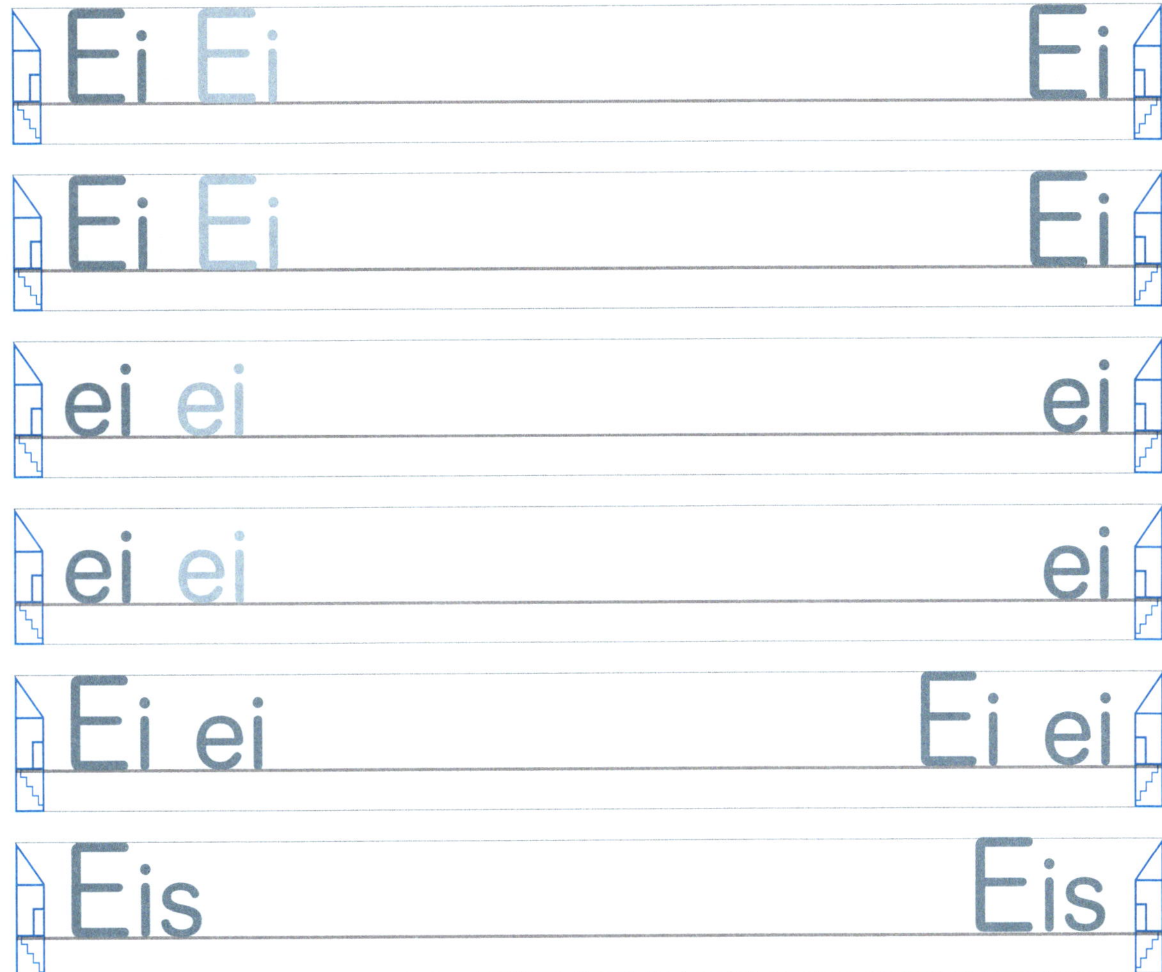

ein	Schwein	klein
Eimer	heiß	leise
Meise	allein	Ameise

1 die Buchstaben Ei ei nachspuren
2 die Buchstaben Ei ei und das Wort schreiben
3 die Buchstaben Ei ei visuell diskriminieren

1 Handzeichen verwenden
3 einzelne Wörter lesen

Fibel, S. 48/49
Fö KV 37

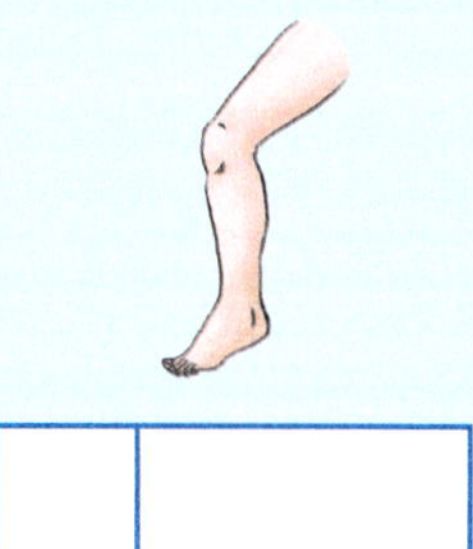

1 Vorhandensein des Lautes Ei ei auditiv analysieren

2 Position des Lautes Ei ei auditiv analysieren

Fibel, S. 48/49
MK Laute 12, 32

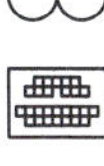

Sei

pa	pe	pi	po	pu
scha	sche	schi	scho	schu
Scha	Sche	Schi	Scho	Schu
pan	pen	pin	schel	schen

1 Anzahl der Silben schwingen, Vokale/Silben der dick gedruckten Silbenbögen verschriften
2 Silbenteppich lesen

1 Wörter verschriften
2 Silben mit kurz gesprochenen Vokalen in der letzten Zeile

Fibel, S. 48/49
Fö KV 36, KV 37
MK Silben 12

1 Ist alles da?

☒ ein Reifen

☐ eine Meise

☐ ein Eis

☐ eine Leine

☐ eine Leiter

☐ am See
☐ im Eimer

☐ am Eimer
☐ am Reifen

ein

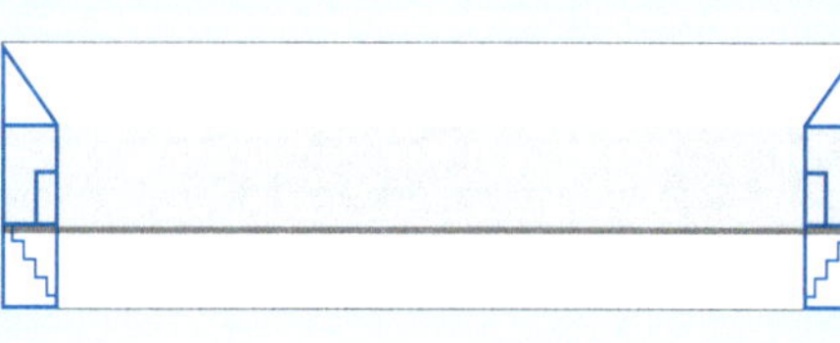

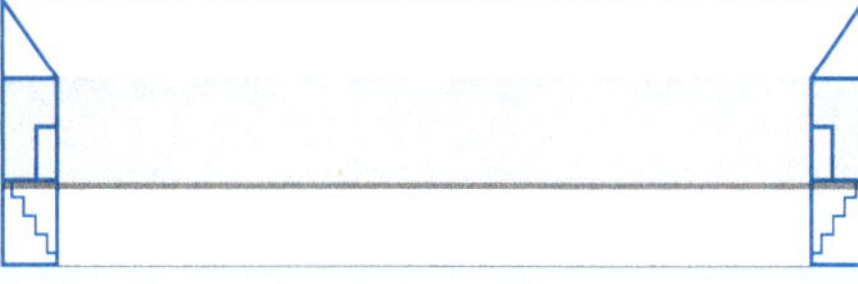

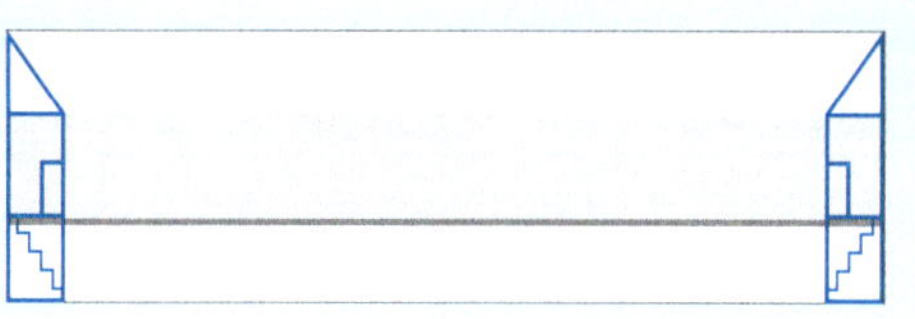

1 Wörter lesen, auf dem Bild erkennen und ankreuzen
2 „ein“/„eine“ passend einsetzen

Fibel, S. 48/49
Fö KV 35, 36, KV 35, 36, 39
LMH, S. 22, MK Lesen 24

1

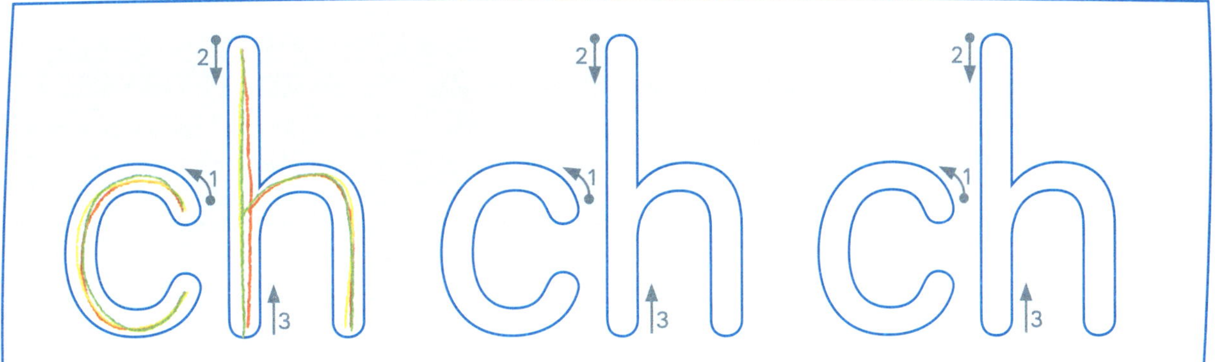

2

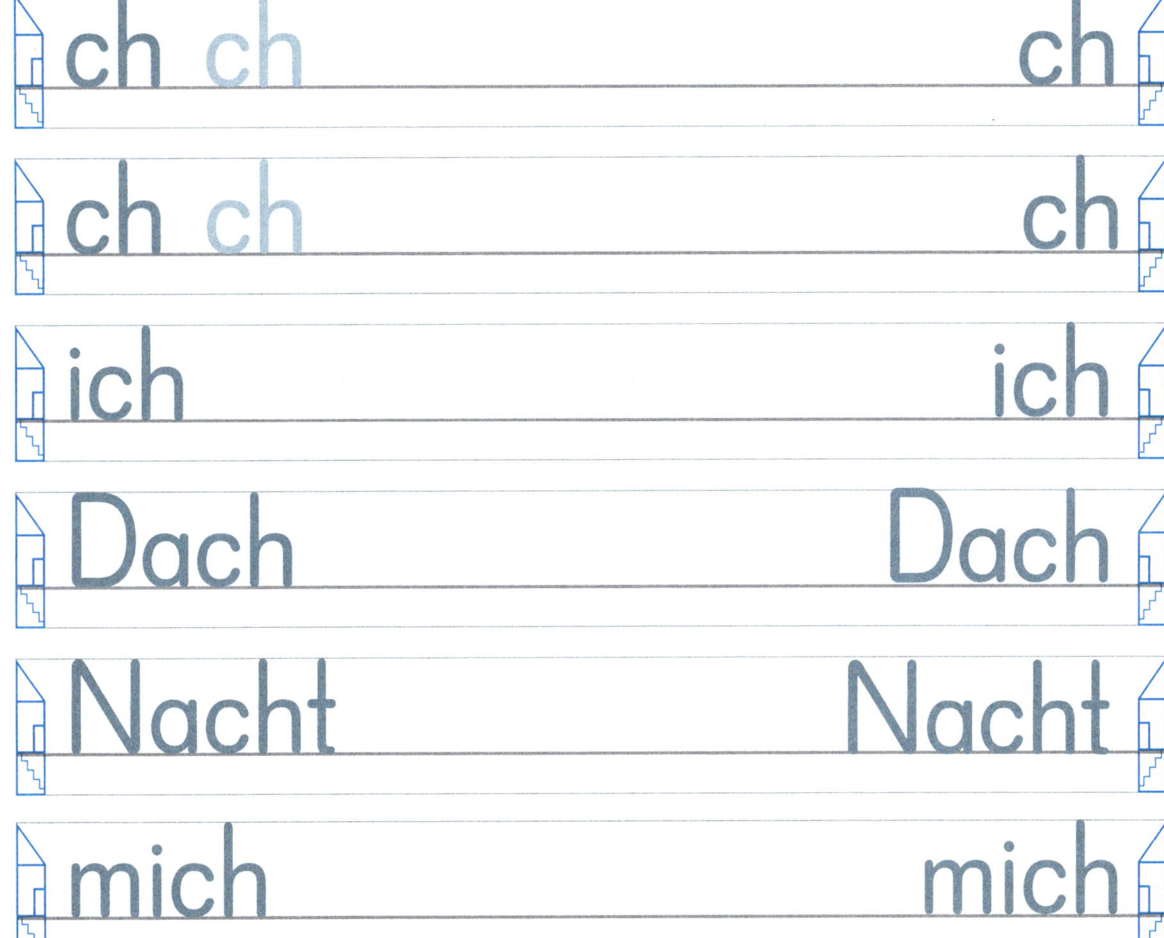

3

Licht	machen	acht	Bauch
noch	Milch	lachen	Drache
Storch	Kirche	Kuchen	doch

1 die Buchstaben ch nachspuren
2 die Buchstaben ch und Wörter schreiben
3 die Buchstaben ch visuell diskriminieren

1 Handzeichen verwenden

Fibel, S. 50/51
Fö KV 39, 40, 41
KV 40, 41

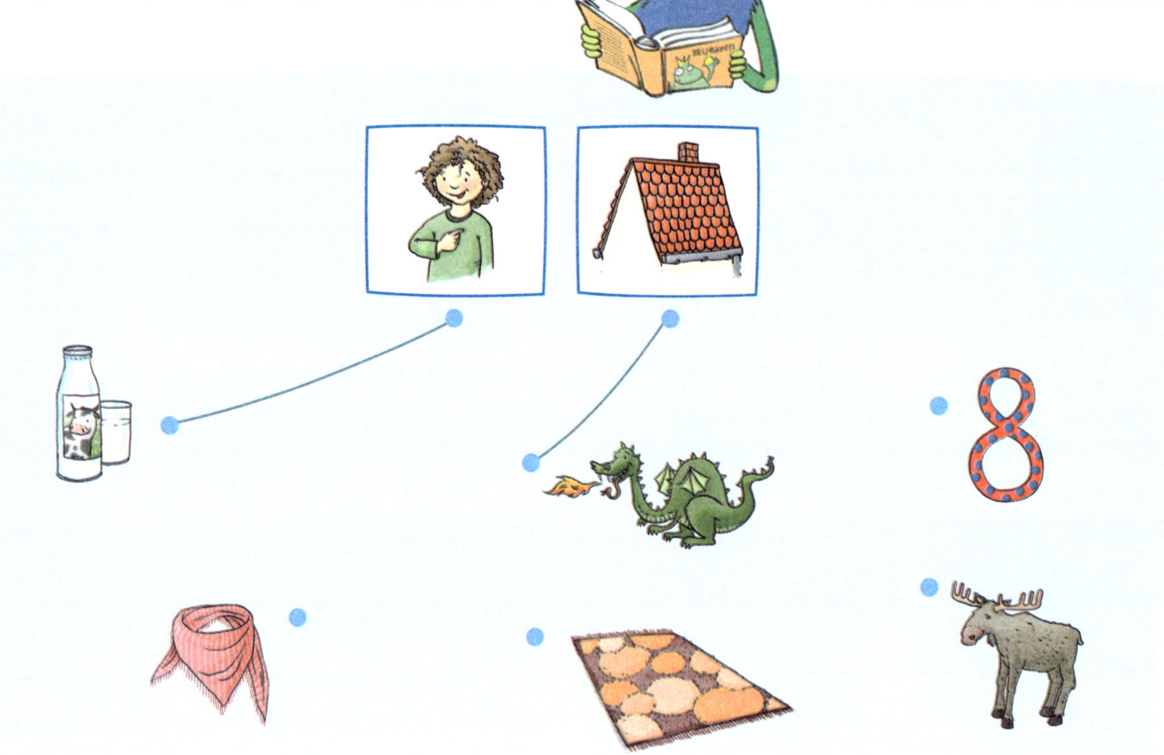

~~Milch~~	~~Drache~~	Acht
Elch	Tuch	Teppich

1 Lautqualität von ch anhand von Bildwörtern richtig zuordnen

2 Wörter mit ch sortiert verschriften

1 Handzeichen von Seite 83 verwenden

Fibel, S. 50/51
Fö KV 38, KV 38
LMH, S. 23, 24

In jeder Silbe ist ein Stern.
In manchen Silben hörst du
den Stern nicht: Pudel, Perlen.

Wörter mit -en, -el und -er schreiben

1

2

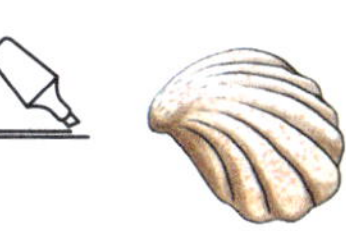 

3

Höre ich hinten ein a,
schreibe ich meistens -er:
Leiter, Eimer.

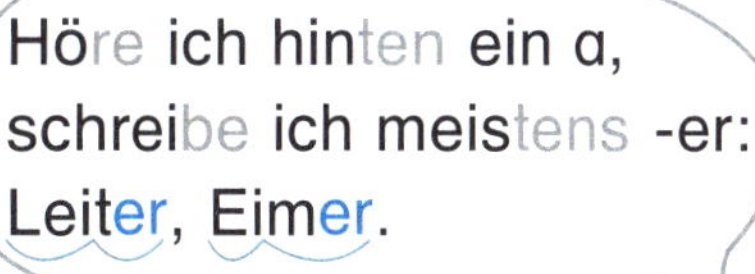

 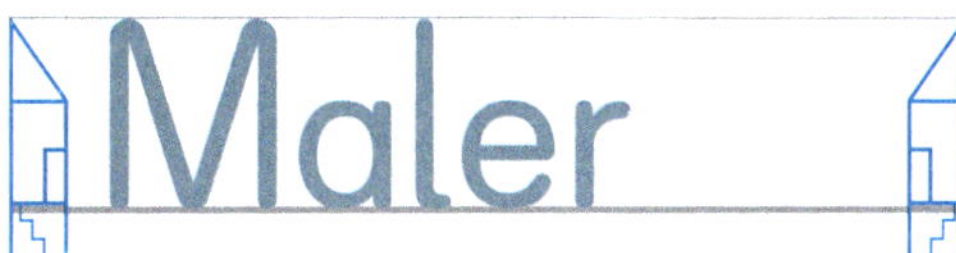

1 Wörter mit -en schwingen
2 Wörter mit -el schwingen
3 Wörter mit -er schwingen

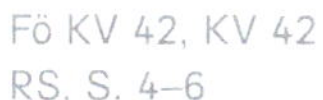

Fö KV 42, KV 42
RS, S. 4–6

Sätze schreiben

Am Satzanfang schreibe
ich immer groß.
Am Ende steht ein Punkt.

Finn

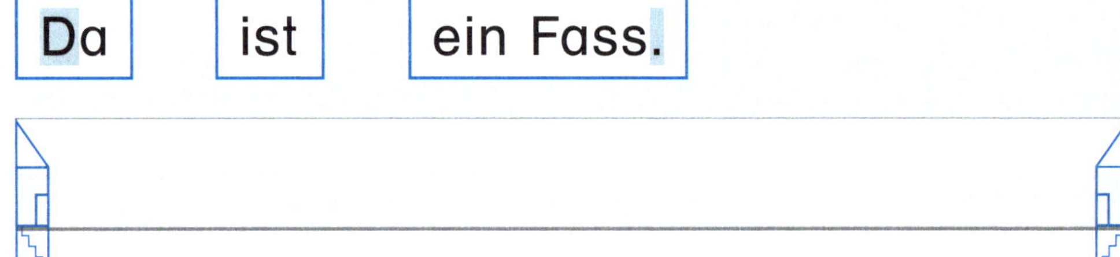

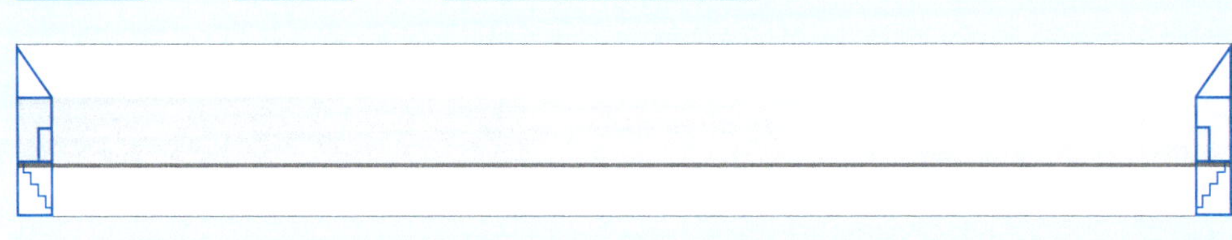

1 Wörter zu Sätzen ordnen und verschriften

1 Methode zur Bearbeitung: Satzbeginn und -ende markieren

Fö KV 43, KV 43

1

Affe Filo

Ich kann Wörter in Linien schreiben.

2

F f — Elefant — fest — Ufer — Fass

P p — Pepe — Suppe — Papa — prima

Ich kann Buchstaben in einem Wort finden.

3

F f

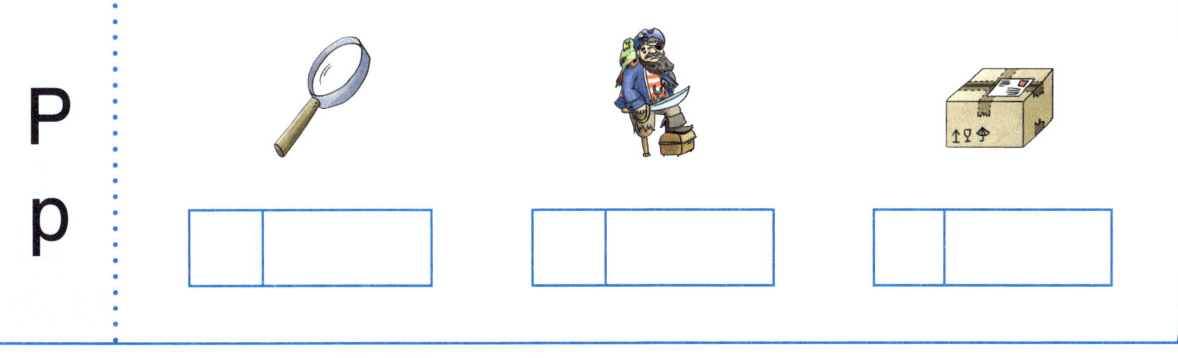

P p

Ich kann Laute in einem Wort hören.

1 Wortgruppe in Lineatur schreiben
2 Buchstaben visuell diskriminieren
3 Position eines Lautes auditiv analysieren

2 einzelne Wörter lesen

Das kann ich, S. 10, 11
LSTE 4
C

Das kann ich!

1

Da | ist | ein Schiff.

In der Dose | sind | Perlen.

Alle | feiern | ein Fest.

Ich kann Sätze schreiben.

2 Ist alles da?

☐ Delfin

☐ Palme

☐ Lupe

☐ Muschel

Ich kann Wörter lesen und verstehen.

1 Wörter zu Sätzen ordnen und verschriften
2 Wörter lesen, auf dem Bild erkennen und ankreuzen

1 Methode zur Bearbeitung: Satzbeginn und -ende markieren

Das kann ich, S. 10, 11
LSTE 4
C

1

2

3 Kater Muki kaut Kekse im Keller.
Das Kamel kaut
Kaugummi im Kino.

1 den Buchstaben K k nachspuren
2 den Buchstaben K k und Wörter schreiben
3 den Buchstaben K k visuell diskriminieren

1 Handzeichen verwenden
3 einzelne Wörter/Text lesen

Fibel, S. 56/57
Fö KV 46

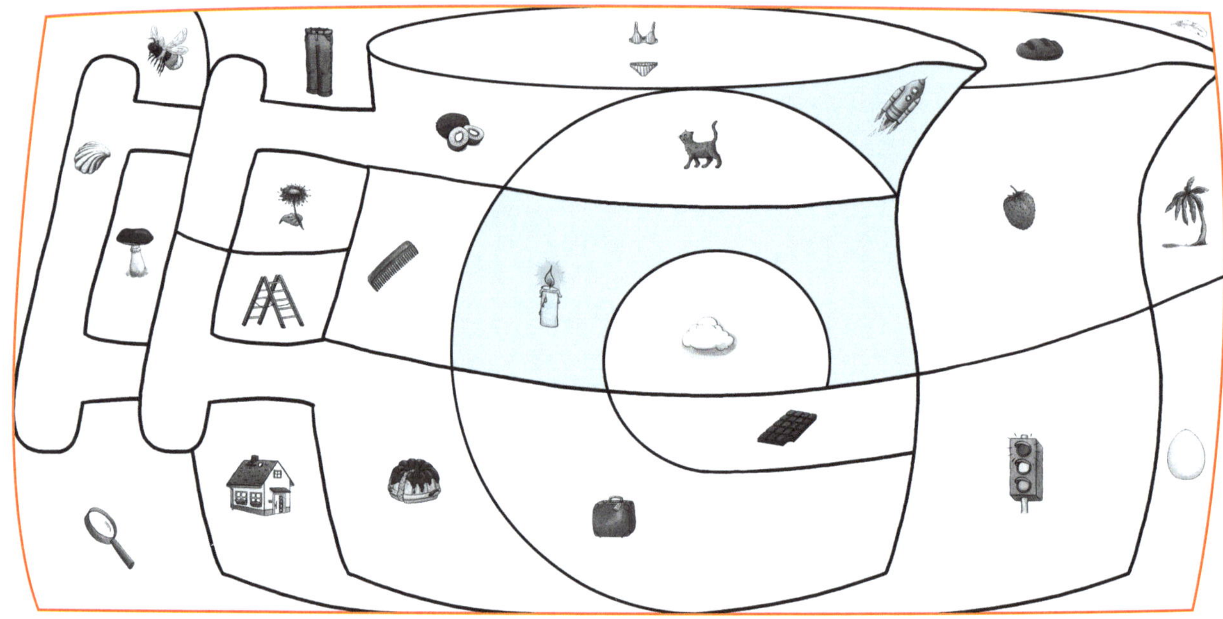

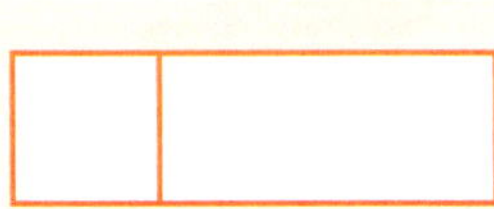

1 Vorhandensein des Lautes K k auditiv analysieren

2 Position des Lautes K k auditiv analysieren

Fibel, S. 56/57
Fö KV 45, 52, KV 45
MK Laute 12

Ka

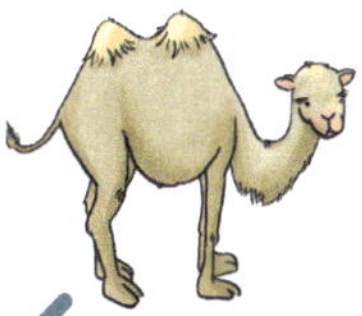

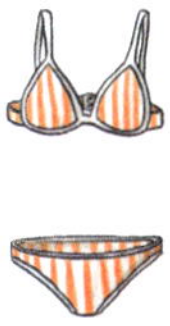

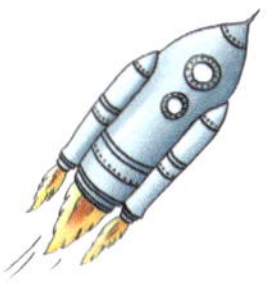

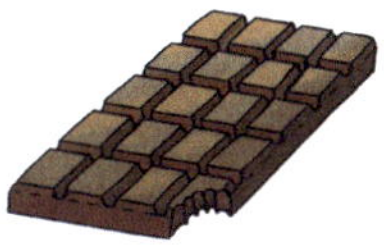

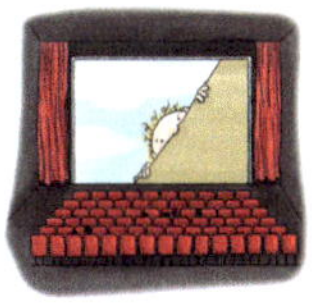

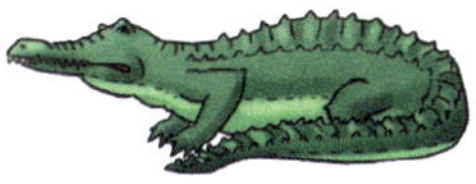

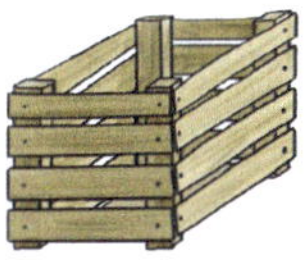

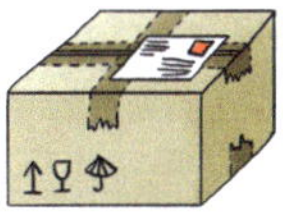

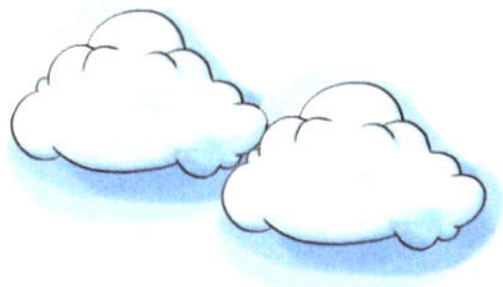

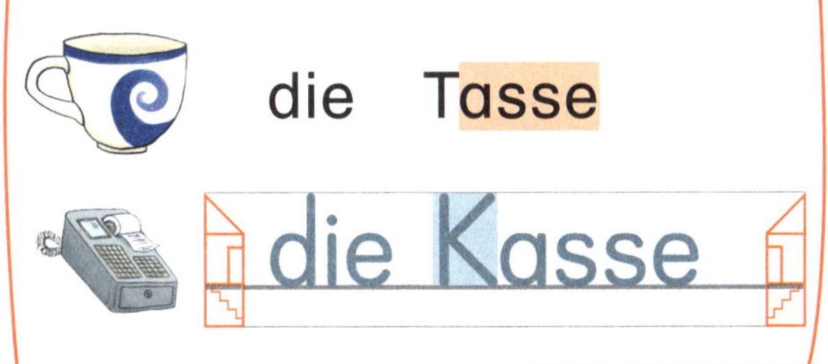

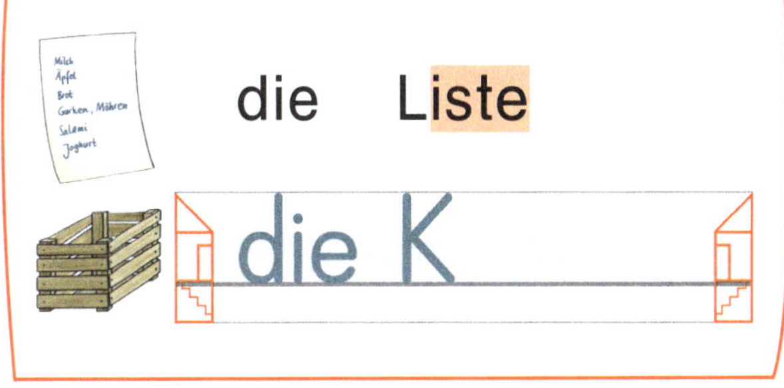

1 Anzahl der Silben schwingen, Vokale/Silben der dick gedruckten Silbenbögen verschriften

2 Reimwörter finden, verschriften

1 Silben/Wörter verschriften

Fibel, S. 56/57
Fö KV 48, KV 48

ka	ke	ki	ko	ku
fa	fe	fi	fo	fu
Pa	Pe	Pi	Po	Pu
Kla	Kle	Kli	Klo	Klu
kel	kis	ken	kon	kin

☐ Ole kann Karate.

 Ole kann klettern.

☐ Ali mit Kater Muki

☐ Ole mit Kater Muki

☐ Ella kuschelt.

☐ Ella malt.

1 Silbenteppich lesen
2 Sätze lesen, dem Bild passend zuordnen

1 Silben mit kurz gesprochenen Vokalen in der letzten Zeile

Fibel, S. 56/57, LMH, S. 25
MK Silben 13, Lesen 9, 25

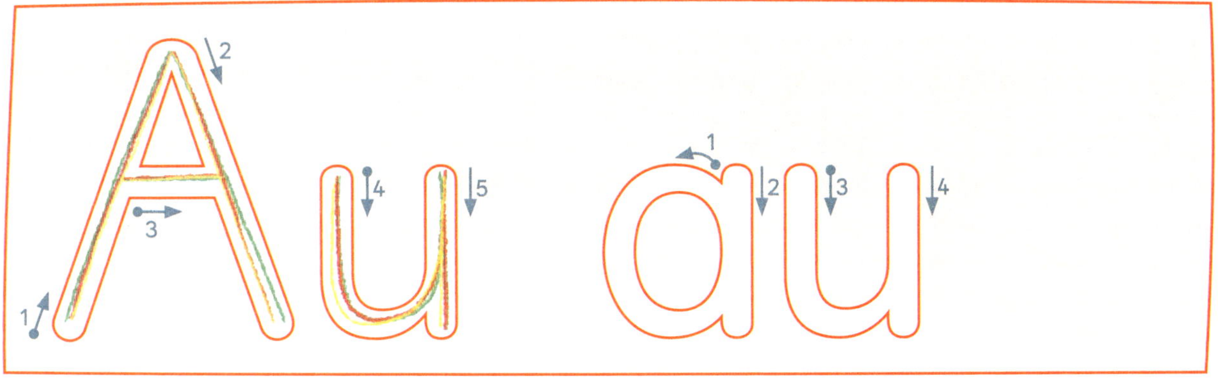

Au Au Au

Au Au Au

au au au

au au au

Au au Au au

Auto

laufen

3 Das blaue Auto saust
aus dem Kaufhaus.
Eine kleine graue Maus
schaut raus.

1 die Buchstaben Au au nachspuren
2 die Buchstaben Au au und Wörter schreiben
3 die Buchstaben Au au visuell diskriminieren

1 Handzeichen verwenden
3 einzelne Wörter/Text lesen

Fibel, S. 58/59

1

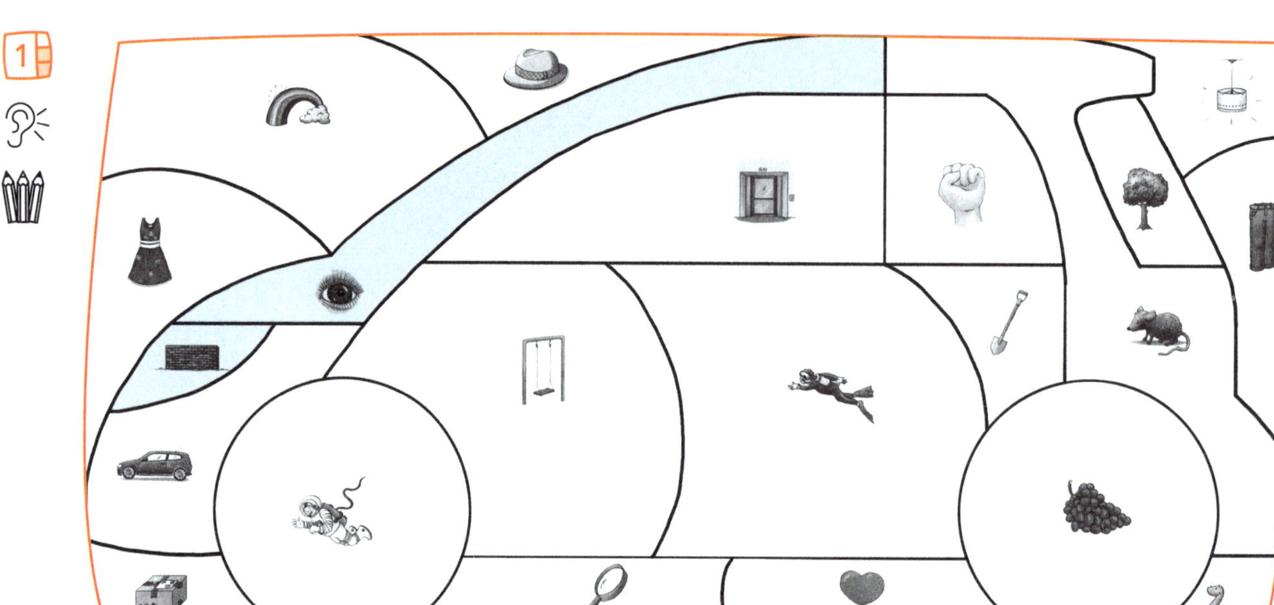

2

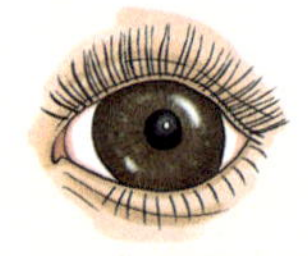
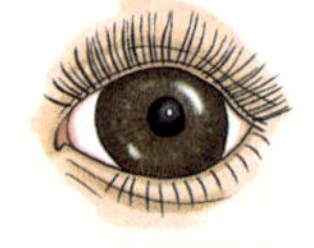

1 Vorhandensein des Lautes Au au auditiv analysieren

2 Position des Lautes Au au auditiv analysieren

Fibel, S. 58/59
KV 46
MK Laute 14

1

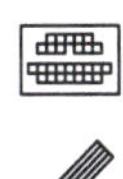

Au

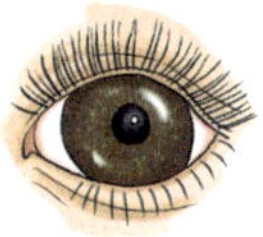

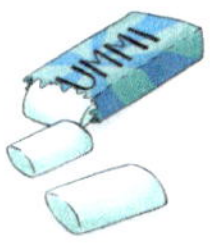

2

Mein Traumauto

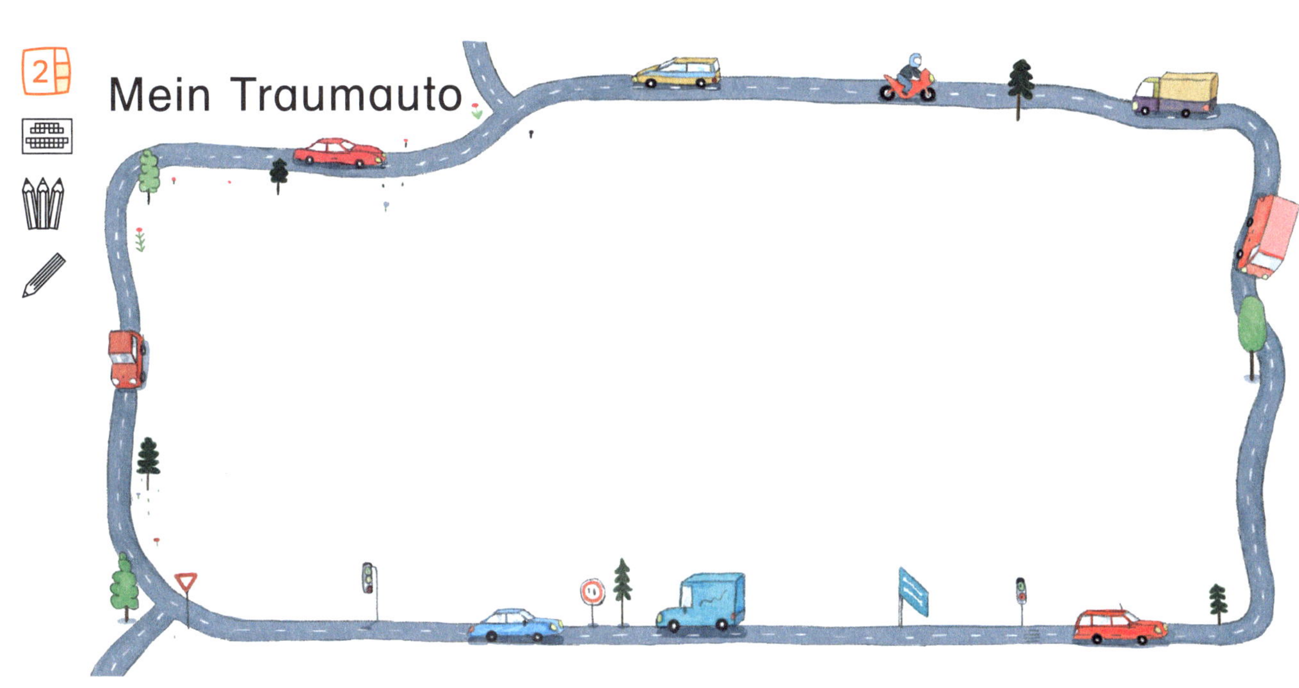

1 Anzahl der Silben schwingen, Vokale/Silben der dick gedruckten Silbenbögen verschriften

2 Freies Schreiben mit der Anlauttabelle

1 Silben/Wörter verschriften

2 Wörter/Texte auf individuellem Niveau verfassen

Fibel, S. 58/59

1 

mau	lau	sau	fau	kau
mei	lei	sei	fei	kei
Ma	La	Sa	Fa	Ka
mo	lo	so	fo	ko
aus	auf	raus	ein	mein
am	im	an	in	mit

2 

☐ Ali ist im Auto.

☐ Ali ist am Baum.

☐ Laurin kocht.

☐ Laurin kaut.

☐ Ella und Ali lachen.

☐ Ella und Ali laufen.

1 Silbenteppich lesen
2 Sätze lesen, dem Bild passend zuordnen

1 Silben mit kurz gesprochenen Vokalen in der letzten Zeile

Fibel, S. 58/59
MK Lesen 26
LMH, S. 26

H h

1

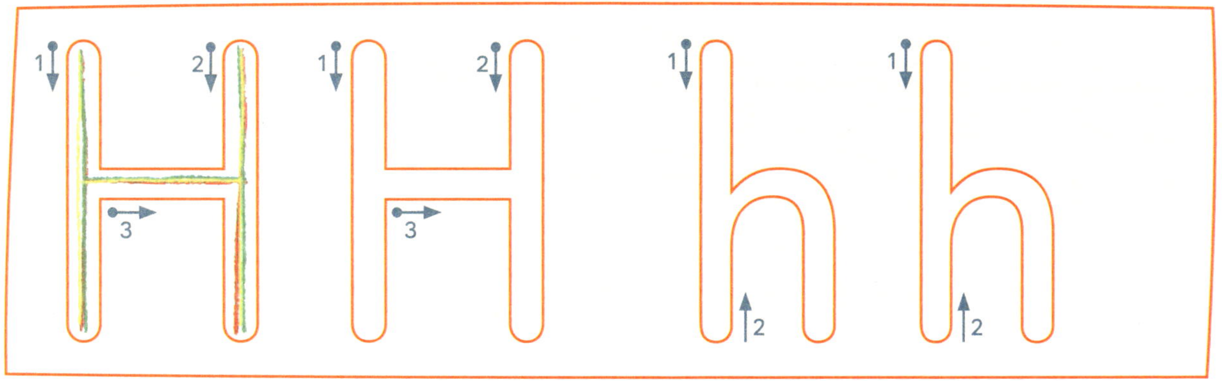

2

3

Hase Hans hat hohes Fieber
und Husten.
Hase Hans hoppelt
in das Haus.

1 den Buchstaben H h nachspuren
2 den Buchstaben H h und Wörter schreiben
3 den Buchstaben H h visuell diskriminieren

1 Handzeichen verwenden
3 einzelne Wörter/Text lesen

Fibel, S. 60/61
Fö KV 46

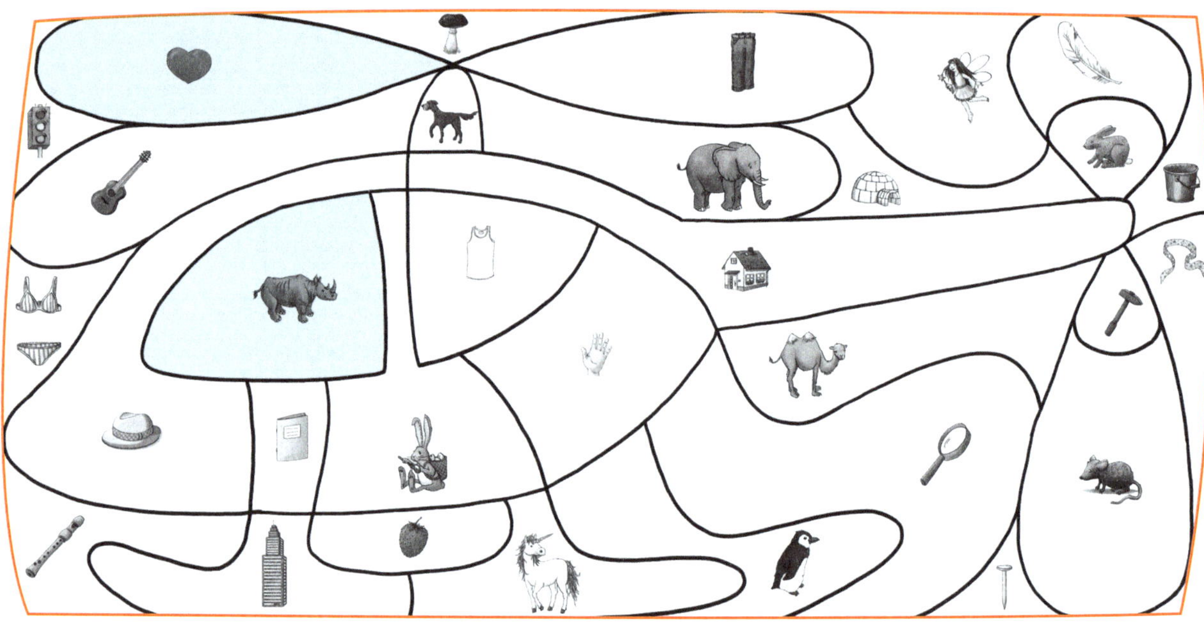

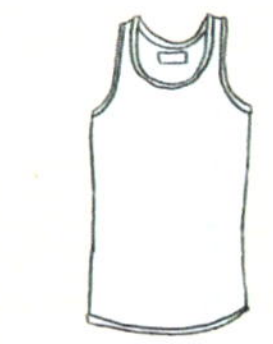

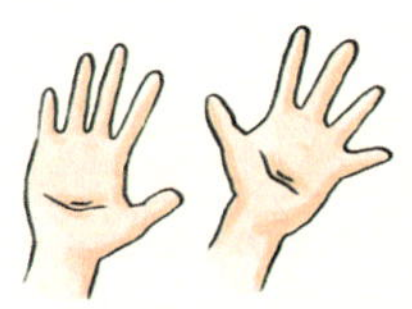

1 Vorhandensein des Lautes H h auditiv analysieren

2 Position des Lautes H h auditiv analysieren

Fibel, S. 60/61
MK Laute 15

1

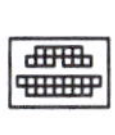

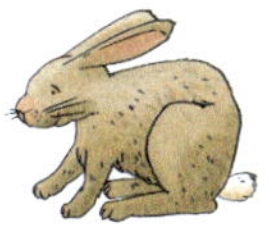

Hase

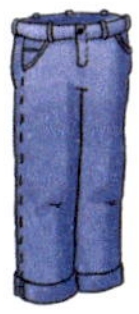

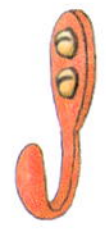

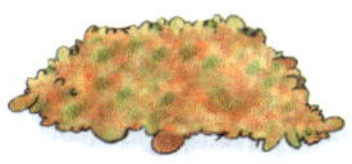

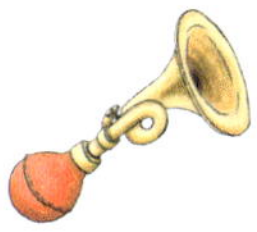

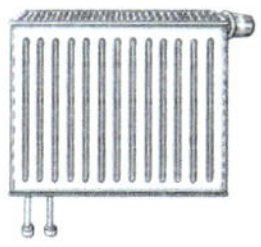

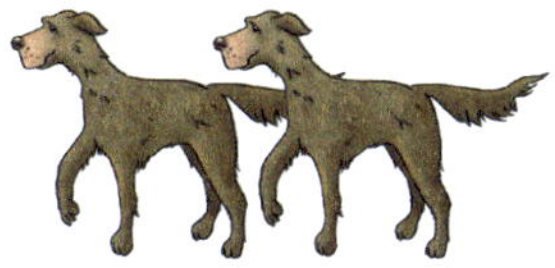

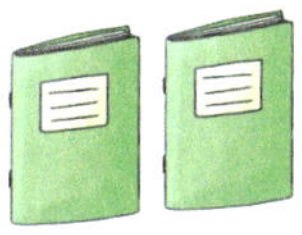

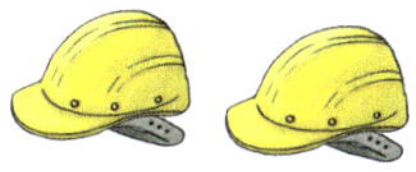

2

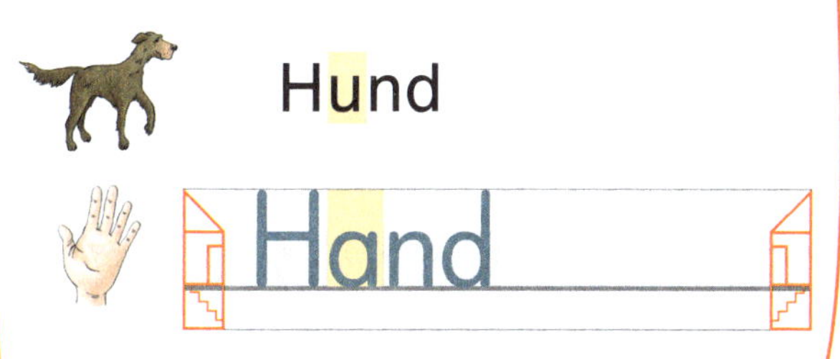

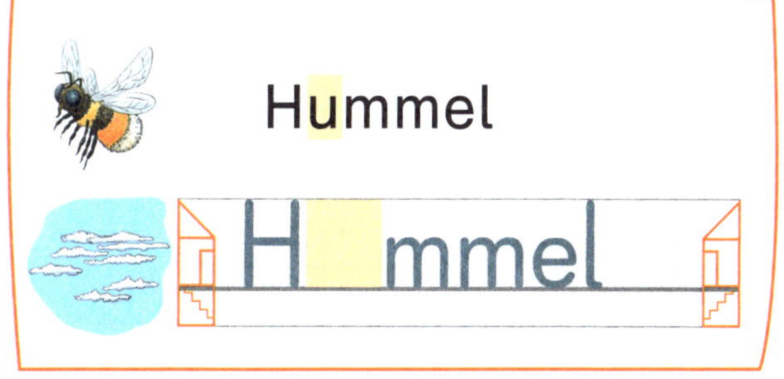

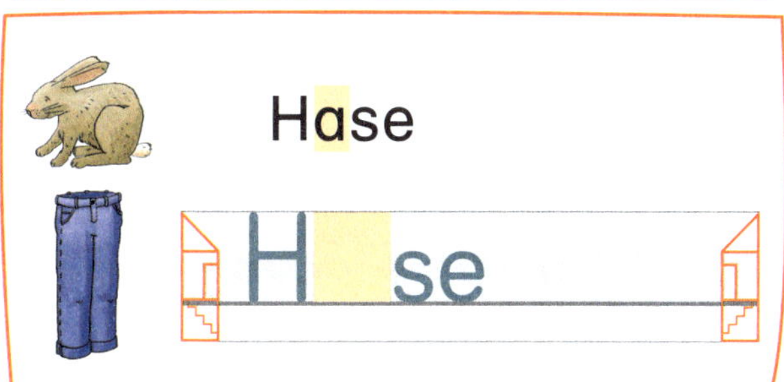

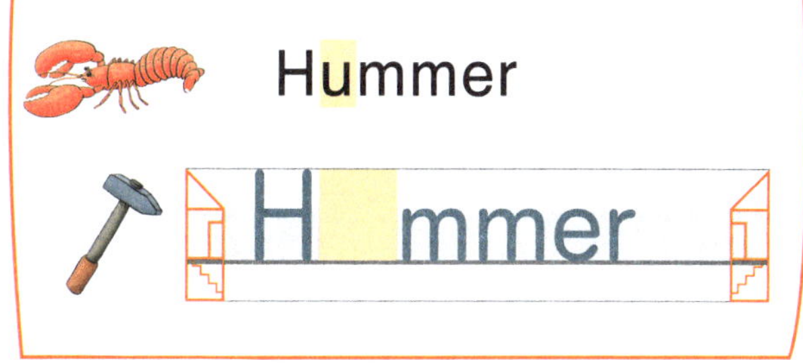

1 Anzahl der Silben schwingen, Vokale/Silben der dick gedruckten Silbenbögen verschriften

2 Minimalpaare finden, verschriften

1 Silben/Wörter verschriften

Fibel, S. 60/61
Fö KV 47, KV 47
MK Silben 14

1

He	hi	ho	hu	hau	Hei
Te	ti	to	tu	tau	Tei
Ne	ni	no	nu	nau	Nei
de	di	do	du	dau	dei
dri	dro	drau	drei	dru	dre
hat	hel	del	nel	hun	hen

2

☐ Lea hat den Hammer.

☐ Lea hat den Hummer.

☐ Helena hat Husten.

☐ Helena hat Hasen.

☐ Der Hase ist im Hof.

☐ Der Hund ist im Hof.

1 Silbenteppich lesen
2 Sätze lesen, dem Bild passend zuordnen

1 Silben mit kurz gesprochenen Vokalen in der letzten Zeile

Fibel, S. 60/61
Fö KV 53, KV 53
MK Lesen 10, 27, 53
LMH, S. 27

B b

1

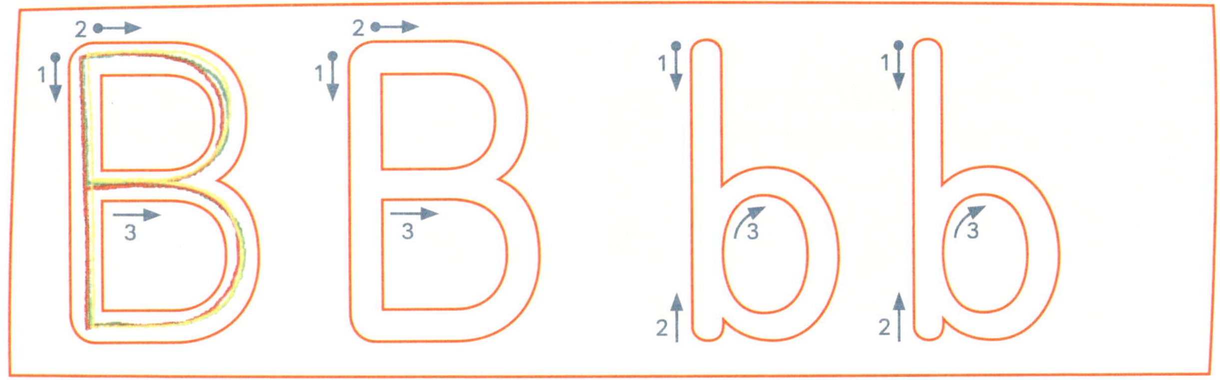

2

3

Bambi ist mit Rabe Bobo
am Baum.
Am Baum ist
eine bunte Blume.

1 den Buchstaben B b nachspuren
2 den Buchstaben B b und Wörter schreiben
3 den Buchstaben B b visuell diskriminieren

1 Handzeichen verwenden
3 einzelne Wörter/Text lesen

Fibel, S. 62/63
KV 54

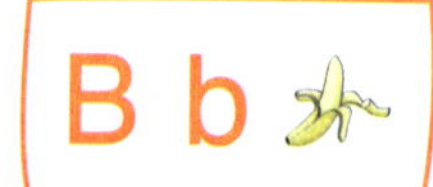

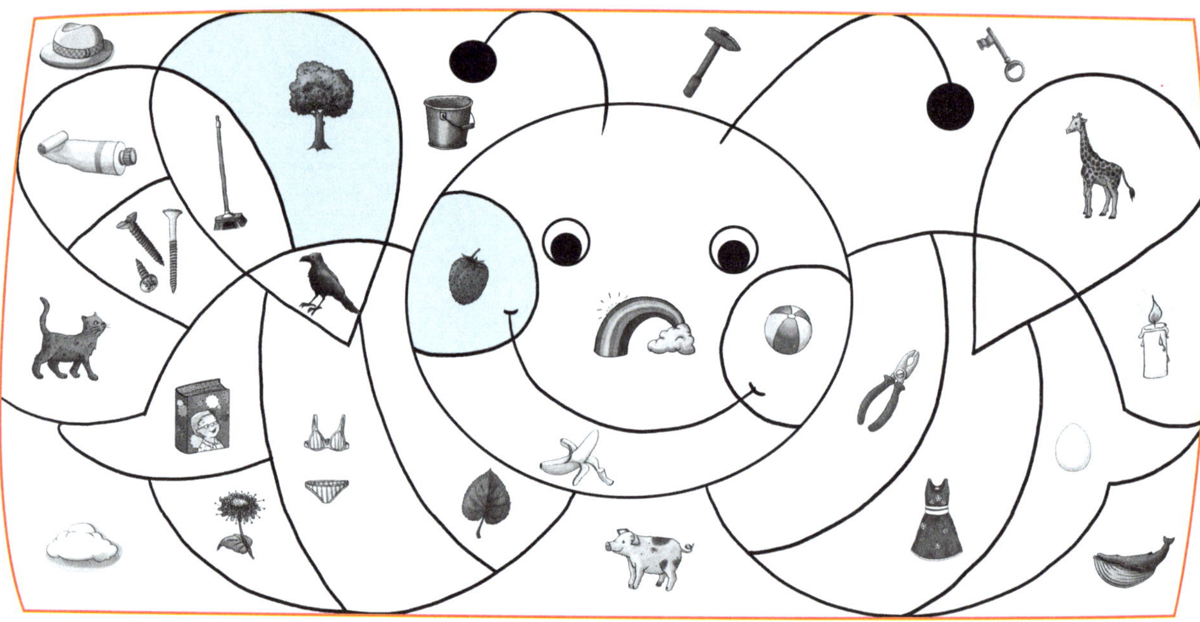

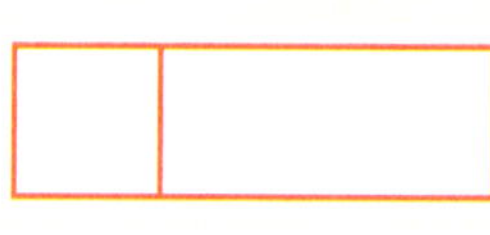

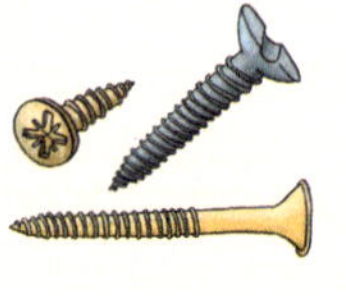

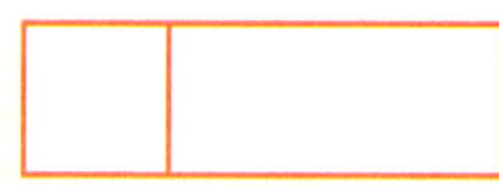

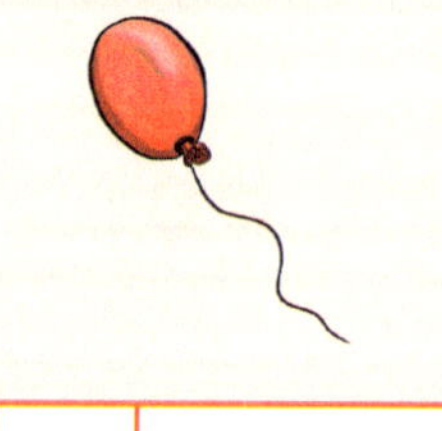

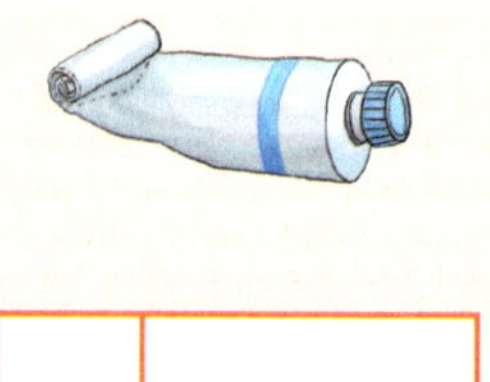

1 Vorhandensein des Lautes B b auditiv analysieren

2 Position des Lautes B b auditiv analysieren

Fibel, S. 62/63
Fö KV 52

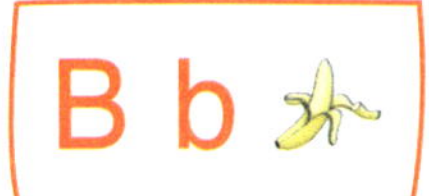
B b

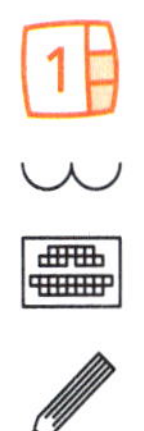

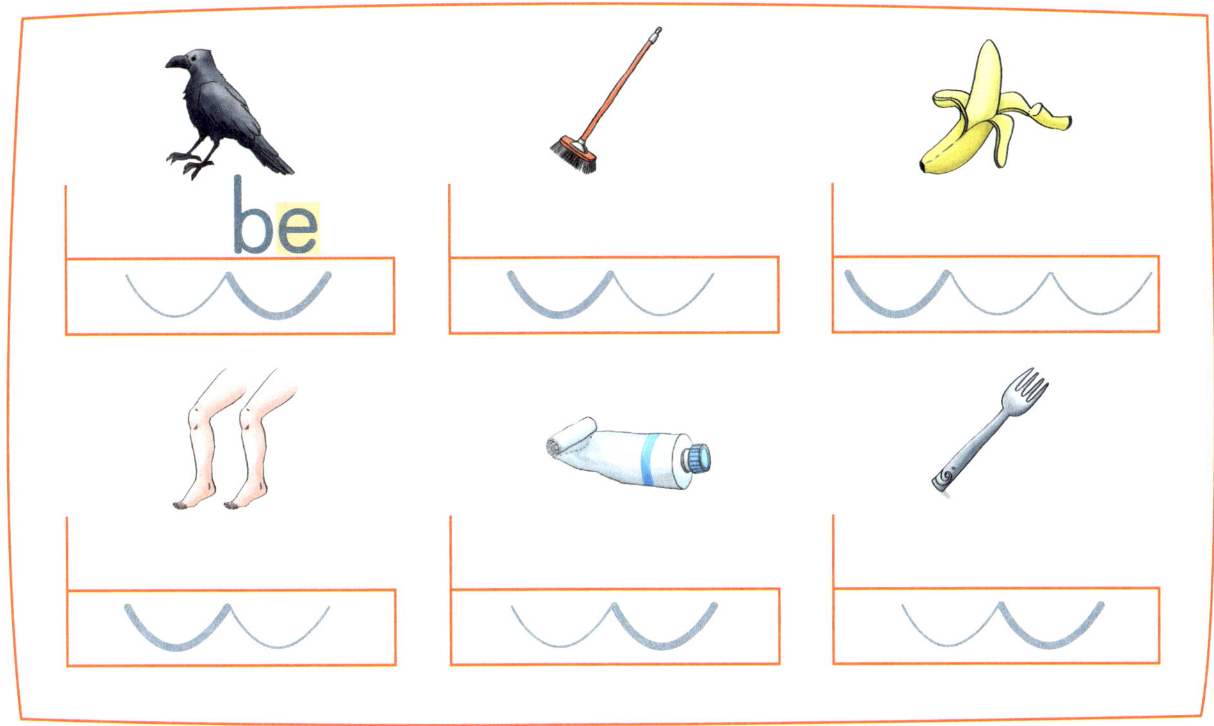
be

auf im am neben mit

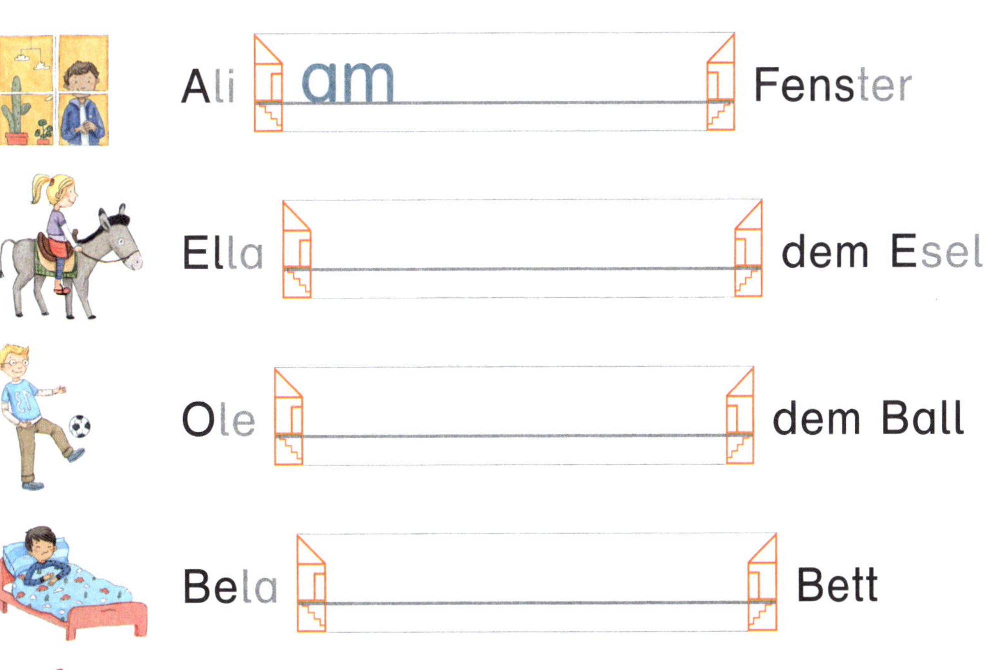
Ali am Fenster
Ella dem Esel
Ole dem Ball
Bela Bett
Lea dem Haus

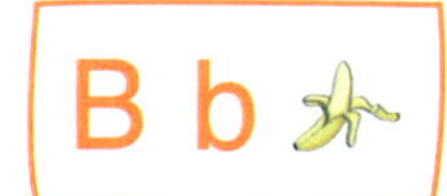

1

Ba	bi	bo	bu	bau	Bei
Ha	Hi	Ho	Hu	Hau	Hei
ra	ri	ro	ru	rau	rei
Sa	Si	So	Su	Sau	Sei
ki	ka	kau	kei	ka	ko
bel	ben	kel	ken	hel	hen

2

☐ Boris baut eine Mauer.

☐ Rabea baut eine Mauer.

☐ Ali ist bei Oma.

☐ Ali ist im Bett.

☐ Der Bauer baut ein Haus.

☐ Der Bauer ist im Bad.

1 Silbenteppich lesen
2 Sätze lesen, dem Bild passend zuordnen

1 Silben mit kurz gesprochenen Vokalen in der letzten Zeile

Fibel, S. 62/63
Fö KV 54
MK Lesen 11, 28, LMH, S. 28

Z z

1

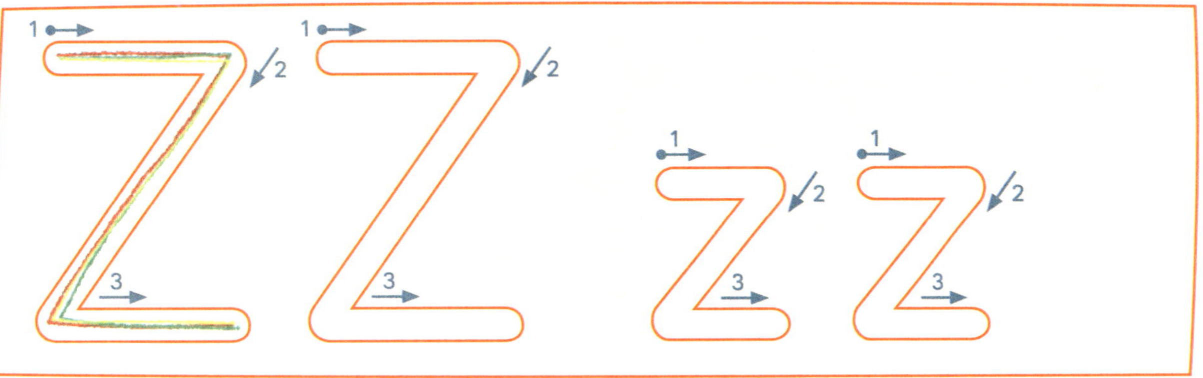

2

3

Zwei Zebras tanzen.

Ein Zebra mag Zucker und
ein Zebra mag Brezeln.

1

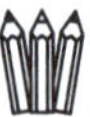

2

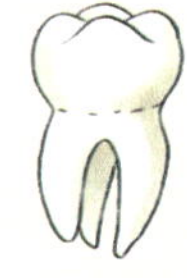

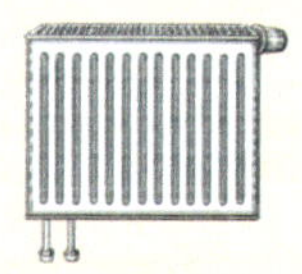

1 Vorhandensein des Lautes Z z auditiv analysieren

2 Position des Lautes Z z auditiv analysieren

Fibel, S. 64/65
MK Laute 16

1

2

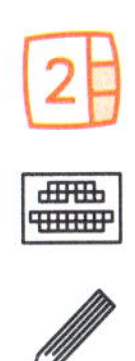

Im Zoo

1 Anzahl der Silben schwingen, Vokale/Silben der dick gedruckten Silbenbögen verschriften

2 Freies Schreiben mit der Anlauttabelle

1 Silben/Wörter verschriften

2 Wörter/Texte auf individuellem Niveau verfassen

Fibel, S. 64/65
Fö KV 49, KV 49
MK Silben 16

1

za	ze	zo	zu	zau	zei
ba	be	bo	bu	bau	bei
Na	Ne	No	Nu	Nau	Nei
ka	ke	ko	ku	kau	kei
sche	scha	schu	scho	schei	schau
zel	zen	bel	ben	hel	hen

2

☐ Ella malt eine Zitrone.

☐ Ella malt ein Zebra.

☐ Ole ist in der Schule.

☐ Ole ist im Zoo.

☐ Lea mag Pilze.

☐ Ali mag Pilze.

1 Silbenteppich lesen
2 Sätze lesen, dem Bild passend zuordnen

1 Silben mit kurz gesprochenen Vokalen in der letzten Zeile

Fibel, S. 64/65
Fö KV 50, 51, KV 50, 51, 52
LMH, S. 29, 30
MK Lesen 12, 54

Schwierige Wörter schreiben Ⓜ

1

Dr

ache — Drache

omedar

Tr

ompete

ampolin

Kl

eber

eider

2

Tr

Dr

Kr

Wörter mit nicht hörbarem h kennen

Lautlos schleiche ich heran,
da man mich nicht
hören kann.

Das musst du
dir merken!

1   

die Bahn

das Huhn

der Zahn

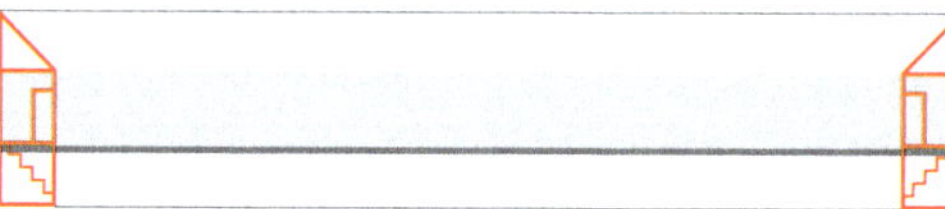

2    

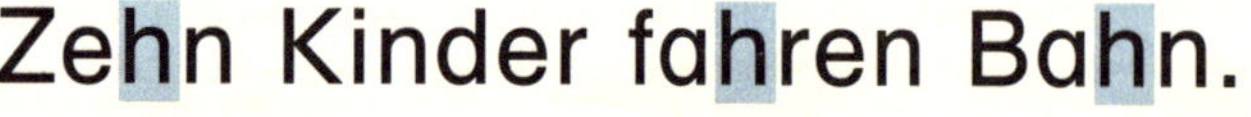

Zehn Kinder fahren Bahn.

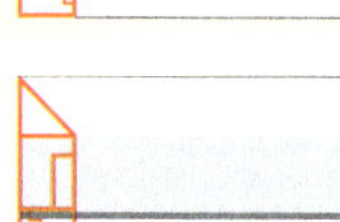

1 Wort einem Bild zuordnen, verschriften, Dehnungs-h markieren

2 Satz schreiben, alle Dehnungs-h markieren

Fö KV 56, KV 56

1

Kino

Besen

Ella malt ein Herz.

Ich kann Wörter und Sätze in Linien schreiben.

2

Z z Ein Zebra mag Pizza mit Pilzen.

Au au Die Maus schaut aus dem Haus heraus.

Ich kann Buchstaben in einem Wort wiederfinden.

3

K k

Ich kann Laute in einem Wort hören.

Das kann ich!

1

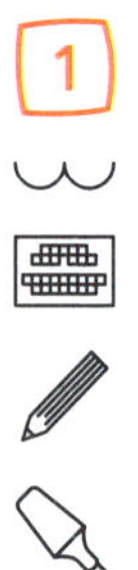

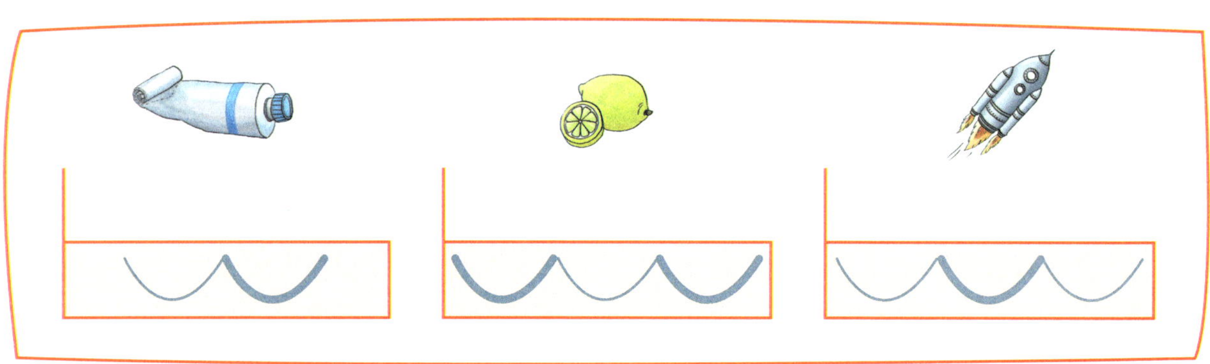

Ich kann Wörter schwingen und Silben schreiben.  

2

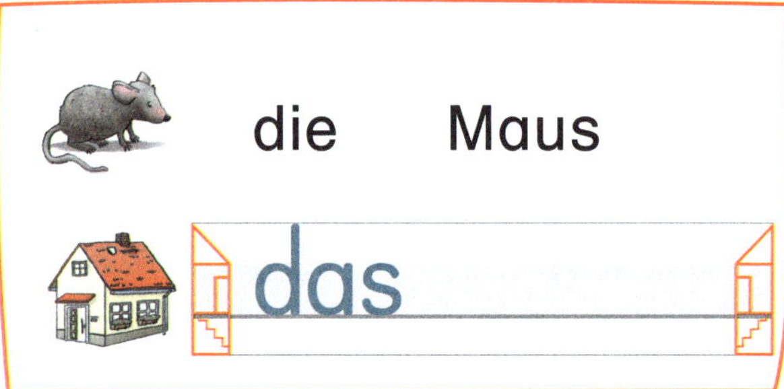

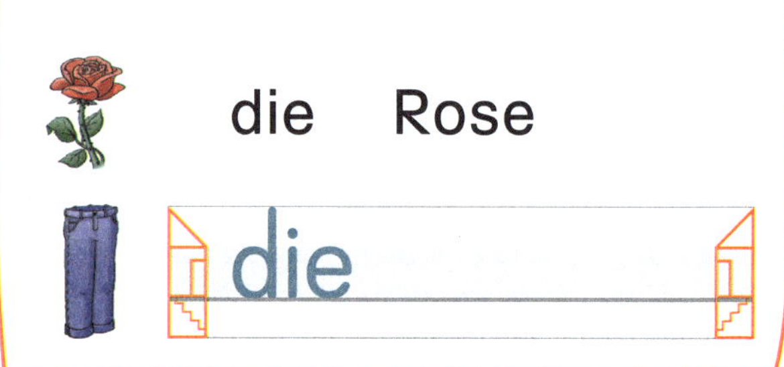

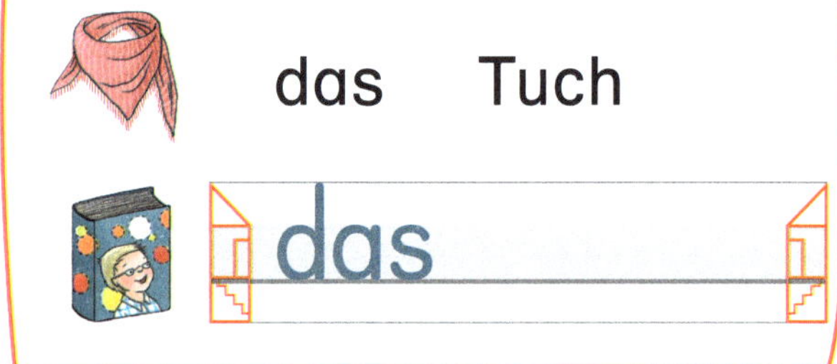

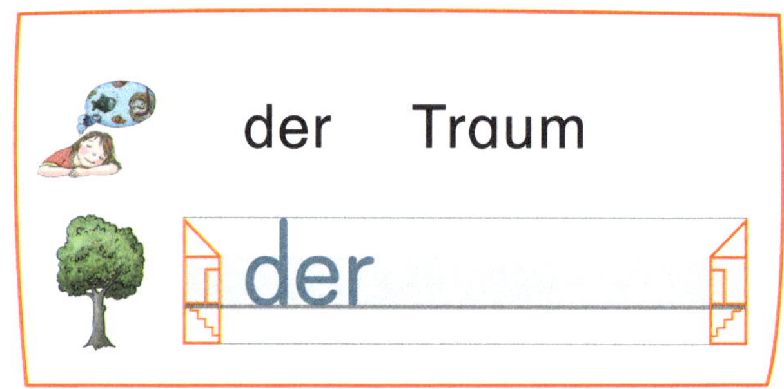

Ich kann Reimwörter finden.  

3

☐ Rabea ist im Bett.

☐ Rabea baut ein Bett.

Ich kann Sätze lesen und verstehen.  

1 Anzahl der Silben schwingen
2 Reimwörter finden, verschriften
3 Sätze lesen, dem Bild passend zuordnen

1 Vokale / Silben verschriften

Das kann ich, S. 12, 13
LSTE 5

1

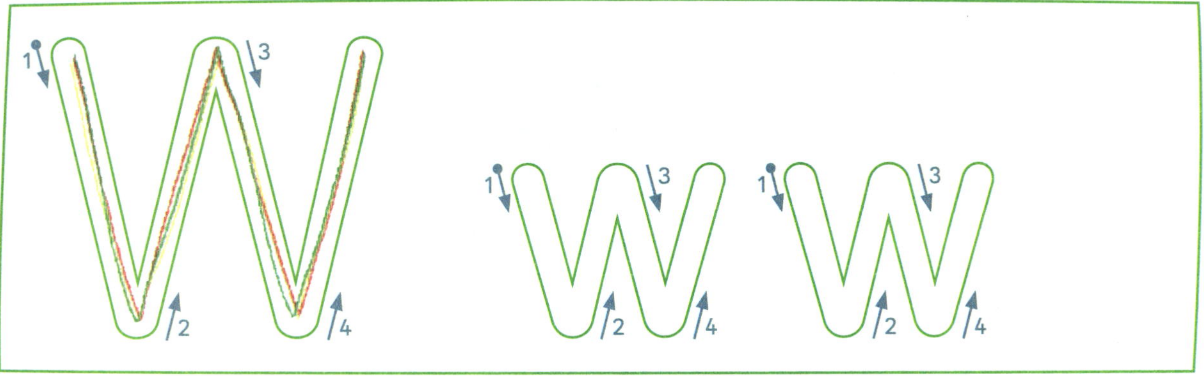

2

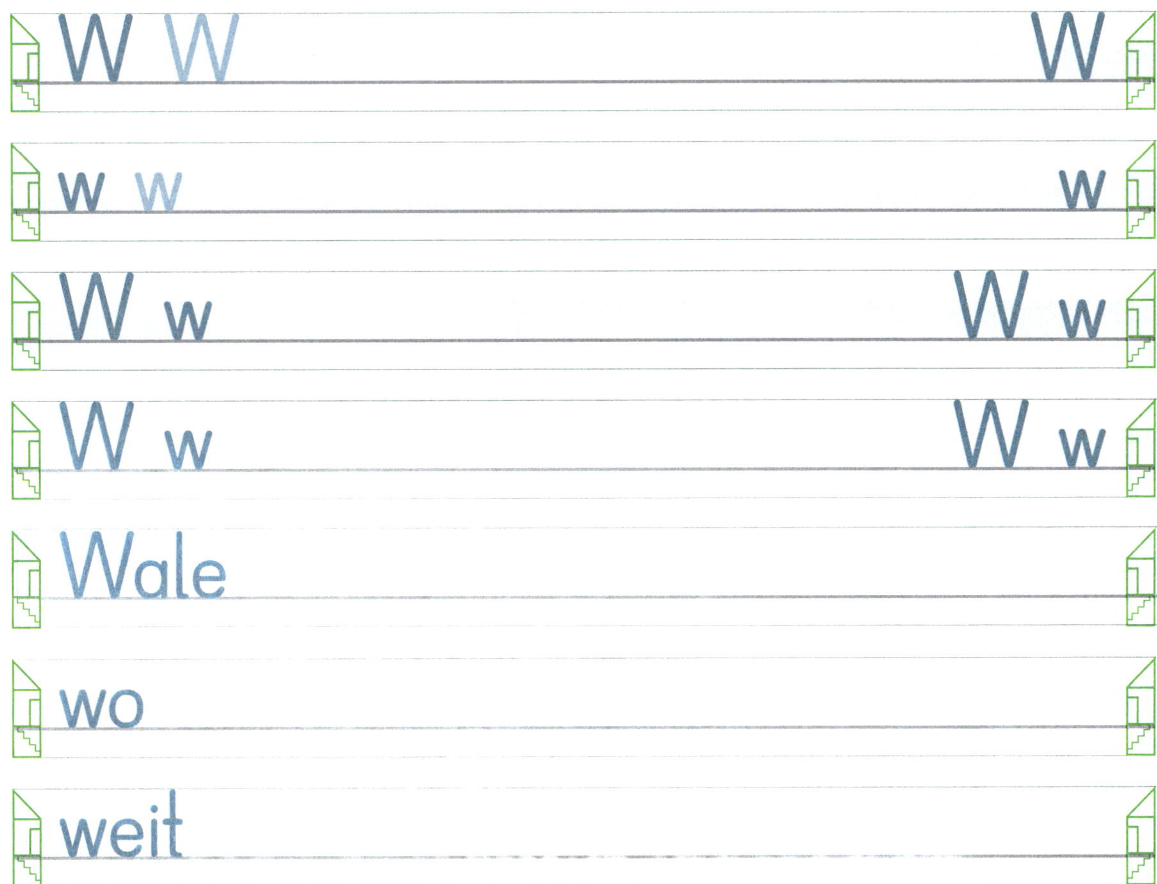

3 Im Wald waren wilde Wildschweine.

Willi war im Wald.

Willi mag wilde Wellen.

1 den Buchstaben W w nachspuren
2 den Buchstaben W w und Wörter schreiben
3 den Buchstaben W w visuell diskriminieren

1 Handzeichen verwenden
3 einzelne Wörter, Text lesen

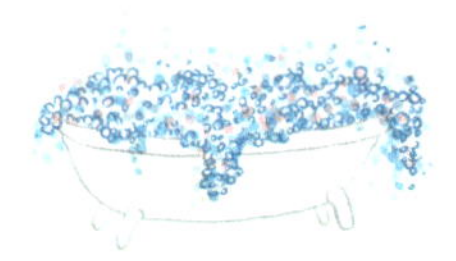

~~KIWI~~
WALD
WOLKE
WOLF
WASSER
WALE

H	X	K	I	W	I	L
O	W	O	L	K	E	R
H	C	A	W	A	L	D
S	S	W	A	L	E	H
O	W	A	S	S	E	R
E	W	O	L	F	L	M

1 Position des Lautes W w auditiv analysieren
2 Wörter im Rätsel finden, markieren

Fibel, S. 70/71
Fö KV 58, KV 58

Wale

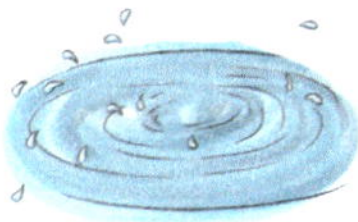

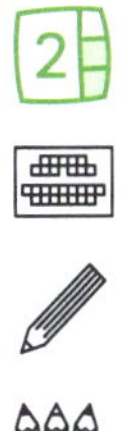

1 Anzahl der Silben schwingen, Vokale/Silben der dick gedruckten Silbenbögen verschriften
2 Freies Schreiben mit der Anlauttabelle

1 Silben/Wörter verschriften
2 Wörter/Texte auf individuellem Niveau verfassen

Fibel, S. 70/71
Fö KV 60

1

wa	we	wi	wo	wu	wau
ba	be	bi	bo	bu	bau
Za	Ze	Zi	Zo	Zu	Zau
was	wel	wil	wol	zen	zel

2

☐ Die Kinder sind im Wasser.

☒ Die Kinder sind unter der Weide.

☐ Im Wasser sind Schiffe.

☐ Im Wasser sind Wale.

3

Ein Wildschwein ist •	• im Wasser. 
Viele Wale sind •	• im Wald. 
Eine Amsel ist •	• auf einem Ast. 

1 Silbenteppich lesen
2 Sätze lesen, dem Bild passend zuordnen
3 Sätze passend verbinden

1 Silben mit kurz gesprochenen Vokalen in der letzten Zeile

Fibel, S. 70/71
MK Lesen 29, 33, LMH, S. 31

G g

1

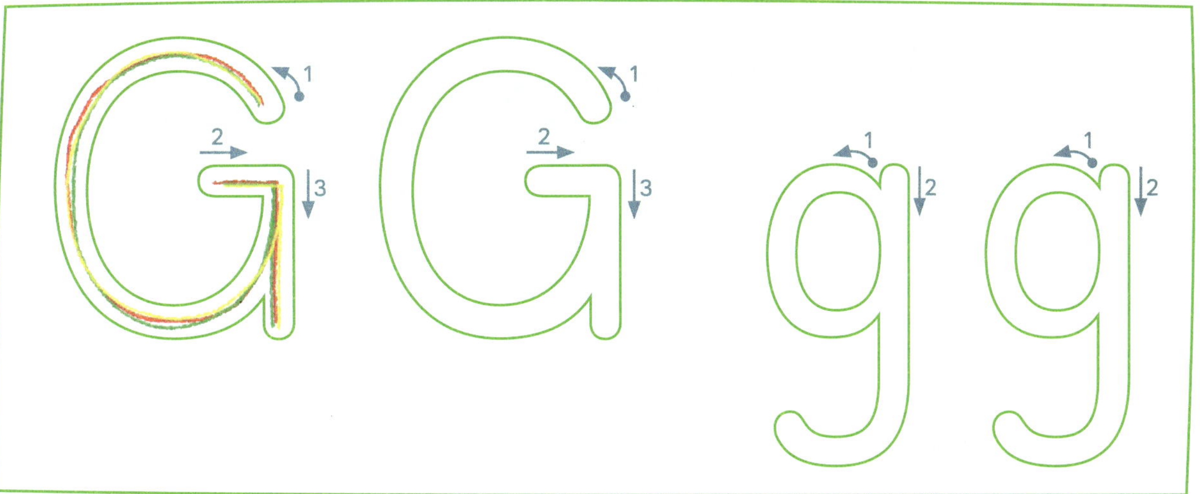

2

3

Eine gelbe Giraffe und ein Gnu
gehen im Gras.

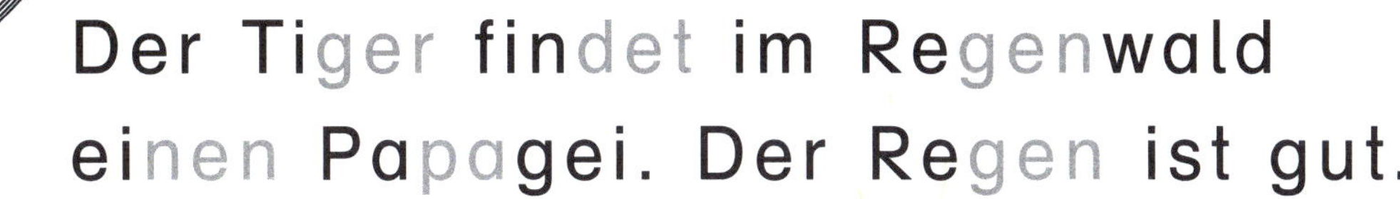

Der Tiger findet im Regenwald
einen Papagei. Der Regen ist gut.

1 den Buchstaben G g nachspuren
2 den Buchstaben G g und Wörter schreiben
3 den Buchstaben G g visuell diskriminieren

1 Handzeichen verwenden
3 einzelne Wörter/Text lesen

Fibel, S. 72/73
KV 60

1

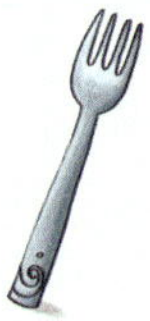

X	

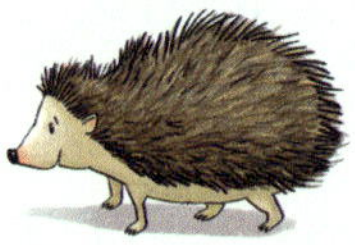

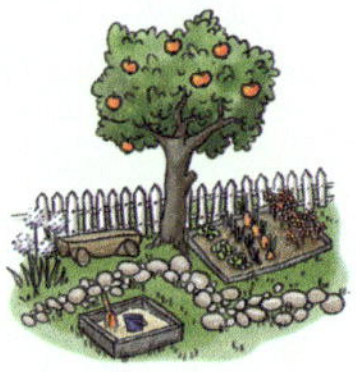

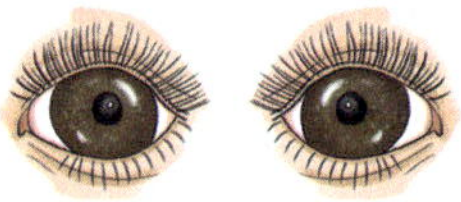

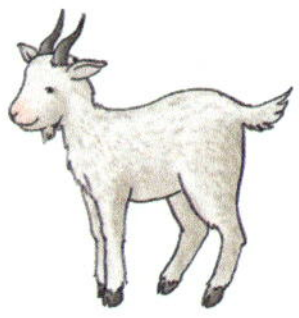

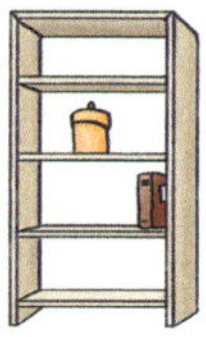

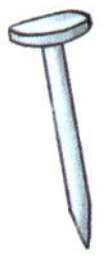

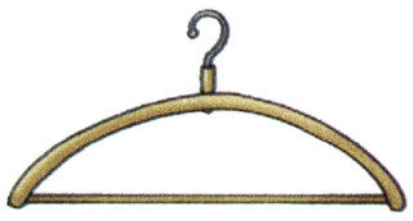

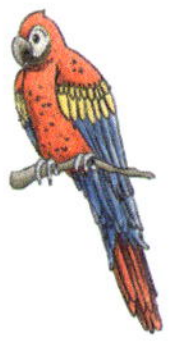

2

~~NAGEL~~
GURKE
GRAS
GANS
ENTE
IGEL

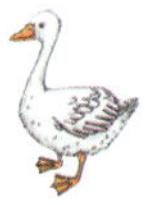

N	A	G	E	L

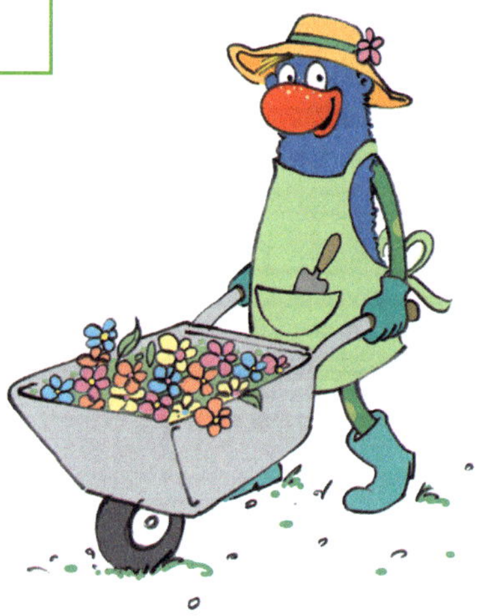

Lösung:

G					

1 Position des Lautes G g auditiv analysieren

2 Wörter im Rätsel passend eintragen, Lösung aufschreiben

Fibel, S. 72/73
Fö KV 59, KV 59

G g

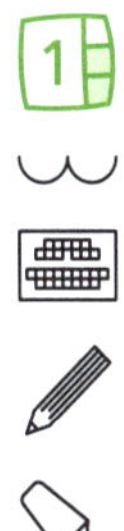

1

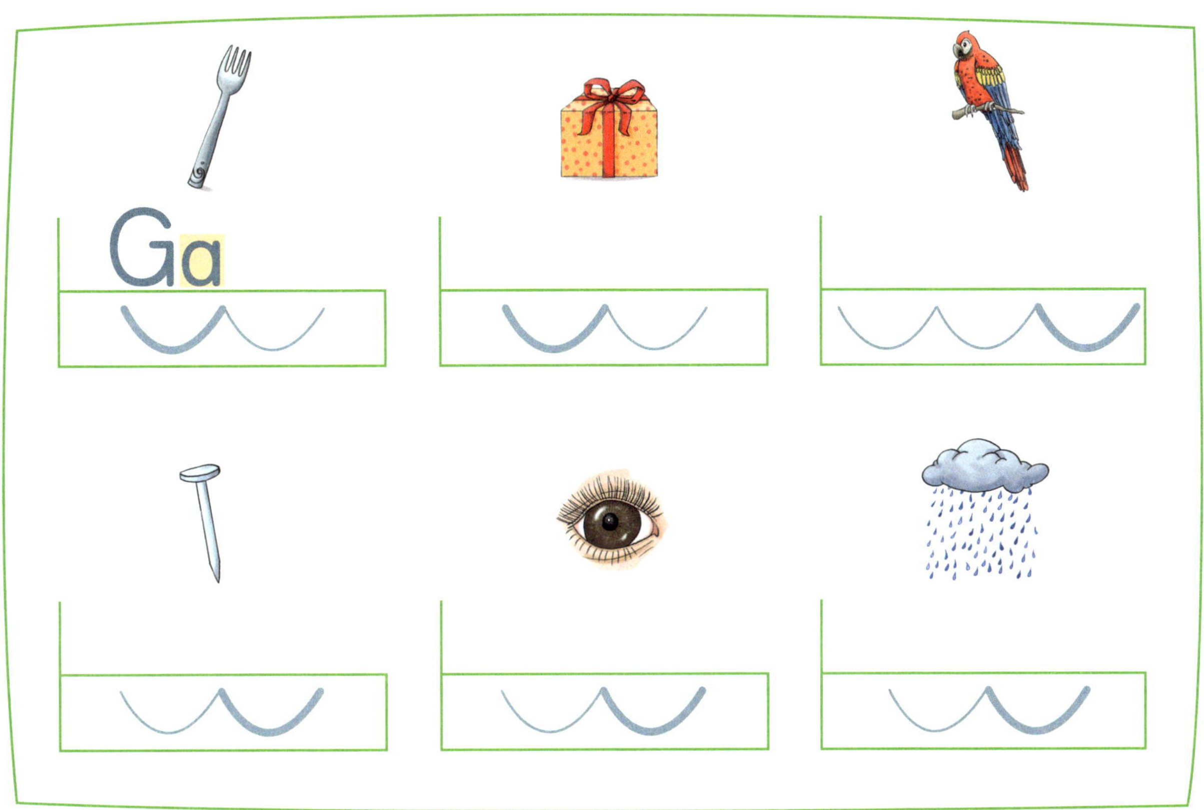

2

Es regnet und hagelt.

Das Gras ist nass.

Wir gehen in den Garten.

1 Anzahl der Silben schwingen, Vokale/Silben der dick gedruckten Silbenbögen verschriften

2 Sätze in Lineatur schreiben

1 Silben/Wörter verschriften

Fibel, S. 72/73
MK Silben 17, Lesen 13

1

ga	ge	gi	go	gu	gei
Wa	We	Wi	Wo	Wu	Wei
za	ze	zi	zo	zu	zei
ba	be	bi	bo	bu	bei
gel	wel	zel	bel	del	hel

2

☐ Der Igel ist im Garten.

☐ Der Igel ist auf dem Weg.

☐ Am Weg sind Blumen.

☐ Am Weg ist eine Gans.

3

Ein Regenbogen ist •	• eine Amsel. 
Eine Gans frisst •	• am Himmel. 
Im Baum ist •	• eine Blume. 

1 Silbenteppich lesen
2 Sätze lesen, dem Bild passend zuordnen
3 Sätze passend verbinden

1 Silben mit kurz gesprochenen Vokalen in der letzten Zeile

Fibel, S. 72/73, Fö KV 66, KV 66, LMH, S. 32
MK Lesen 30, 34, 55

Pf pf

1

2

3

Das Nilpferd frisst keine Pflaumen.
Pferde fressen gerne Äpfel.
Pfadfinder finden Pfade
im Sumpf.

1 die Buchstaben Pf pf nachspuren
2 die Buchstaben Pf pf und Wörter schreiben
3 die Buchstaben Pf pf visuell diskriminieren

3 einzelne Wörter/Text lesen

Fibel, S. 74/75

Pf pf

PFERD
~~APFEL~~
PFANNE
TOPF
PFOTE
KOPF

M	A	PF	E	L	S	I
T	S	PF	E	R	D	M
B	F	T	O	PF	M	M
PF	O	T	E	S	W	U
O	K	O	PF	B	A	S
M	L	PF	A	N	N	E

1 Position des Lautes Pf pf auditiv analysieren
2 Wörter im Rätsel finden, markieren

Fibel, S. 74/75

1 Pf pf einsetzen
2 Freies Schreiben mit der Anlauttabelle

2 Wörter/Texte auf individuellem Niveau verfassen

Fibel, S. 74/75
MK Lesen 14

1

pfa	pfe	pfi	pfo	pfu	pfau
ga	ge	gi	go	gu	gau
wa	we	wi	wo	wu	wau
Za	Ze	Zi	Zo	Zu	Zau
wol	zim	zel	wat	wun	gum

2

☐ Das Pferd ist auf dem Hof.

☐ Das Pferd ist auf der Weide.

☐ Auf dem Pferd ist ein Reiter.

☐ Auf dem Herd ist ein Topf.

3

Ein Reiter kommt •	• seine Federn.
Im Garten ist •	• mit seinem Pferd.
Der Pfau zeigt •	• ein Apfelbaum.

1 Silbenteppich lesen
2 Sätze lesen, dem Bild passend zuordnen
3 Sätze passend verbinden

1 Silben mit kurz gesprochenen Vokalen in der letzten Zeile

Fibel, S. 74/75
Fö KV 61, KV 61, LMH, S. 33,
MK Lesen 31, 35, 65

1

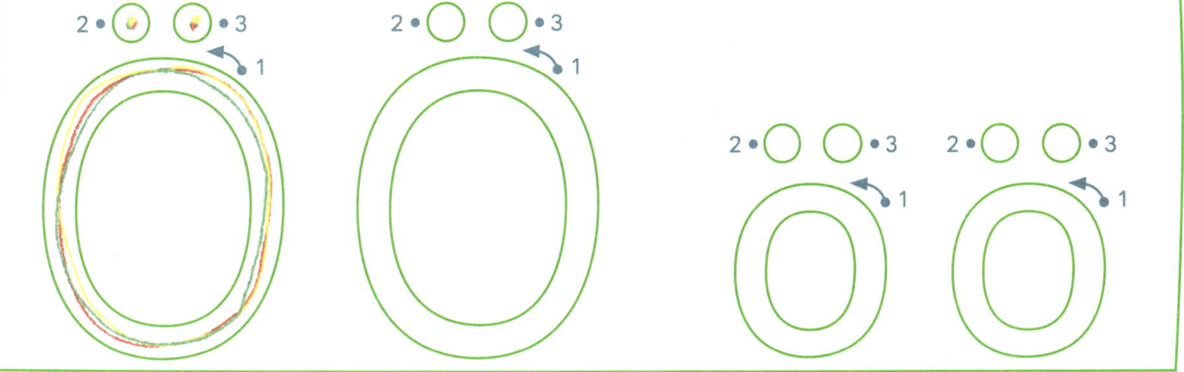

2

3

1 den Buchstaben Ö ö nachspuren
2 den Buchstaben Ö ö und Wörter schreiben
3 Anzahl der Silben schwingen

1 Handzeichen verwenden
3 Vokal/Silben verschriften

Fibel, S. 76/77

1

~~Knöpfe~~ Köpfe Töpfe Öfen

ein Knopf –  drei Knöpfe

ein Topf –  drei

ein Kopf –  drei

ein Ofen –  drei

2

☐ Zwölf Frösche sind auf dem Rasen.

☐ Zwölf Frösche sind im See.

☐ Der Löwe hat eine Flöte.

☐ Die Königin hat eine Flöte.

3

Die Königin lebt	•	•	braune Haut. 
Frösche leben	•	•	im Schloss. 
Die Kröte hat	•	•	im Teich. 

1 Plural passend zuordnen und schreiben
2 Sätze lesen, dem Bild passend zuordnen
3 Sätze passend verbinden

Fibel, S. 76/77
Fö KV 69, KV 69
MK Lesen 66, LMH, S. 34

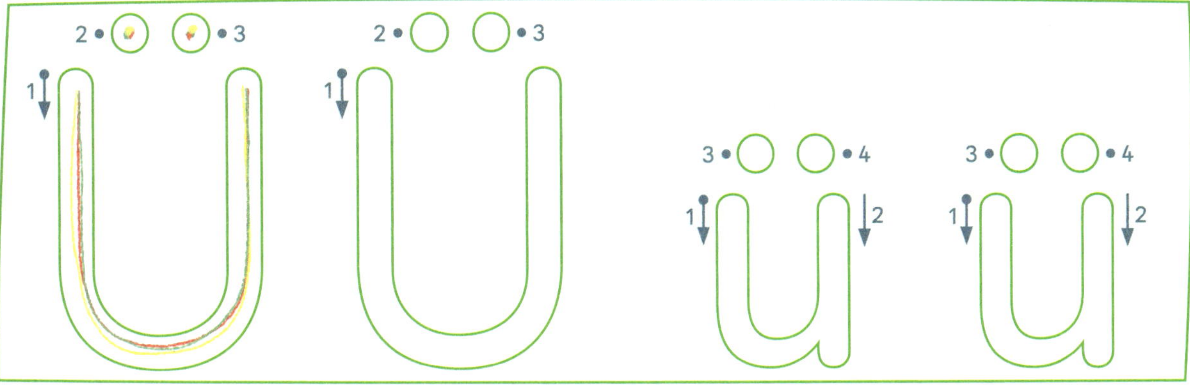

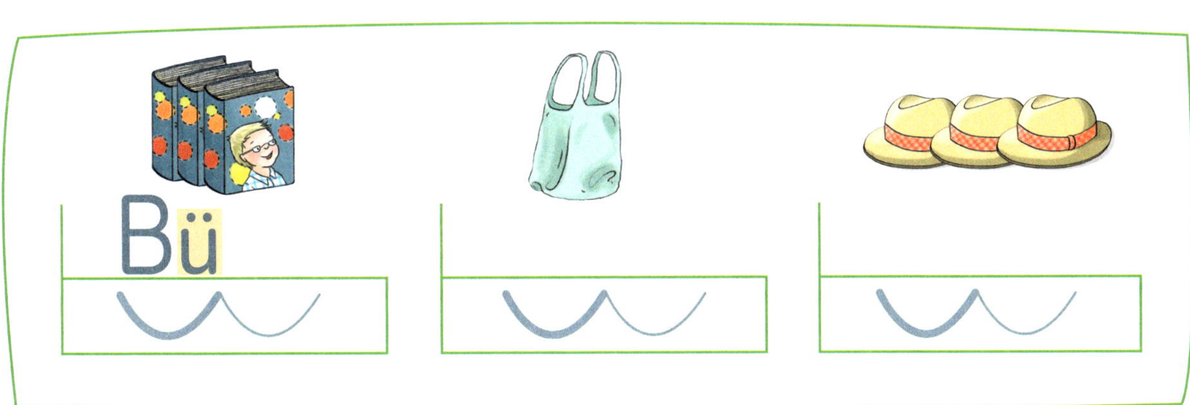

1 den Buchstaben Ü ü nachspuren
2 den Buchstaben Ü ü und Wörter schreiben
3 Anzahl der Silben schwingen

1 Handzeichen verwenden
3 Vokal/Silben verschriften

Fibel, S. 76/77
MK Silben 18, Lesen 15

1

~~Türme~~ Hüte Bücher Nüsse

 ein Turm – 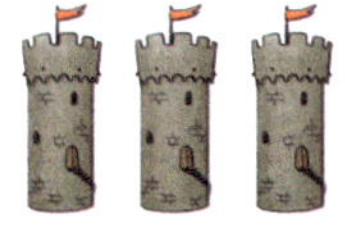 drei 

 ein Buch –  drei 

 ein Hut –  drei 

 eine Nuss –  drei 

2

Der Löwenzahn

Der Löwenzahn ist grün.

Blatt für Blatt ist grün.

Die Blüte ist gelb.

Die Samen sind grau.

Das Gras ist grün.

Auf einem Blatt
ist eine Hummel.

Male.

1 Plural passend zuordnen und schreiben
2 Text sinnerfassend lesen und fehlende Elemente im Bild ergänzen

Fibel, S. 76/77, Fö KV 62, 69, 70
MK Lesen 32, 36, 56, 67
LMH, S. 35

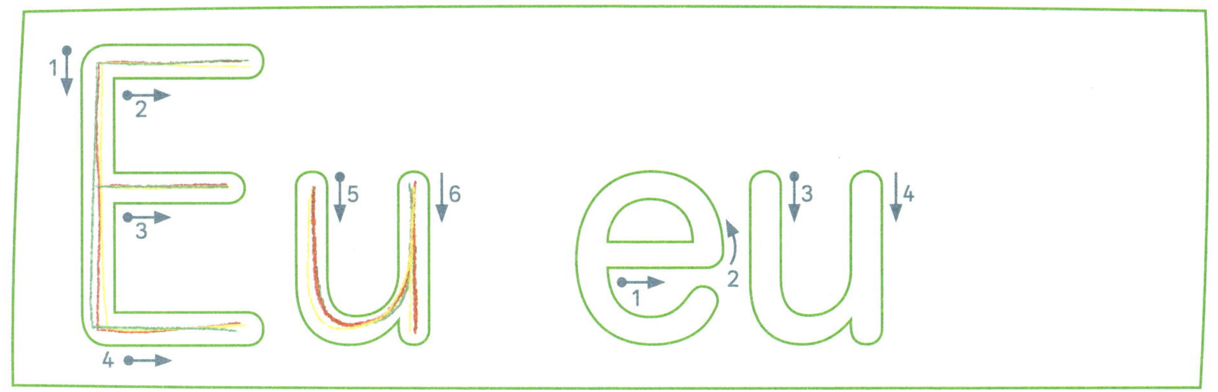

3 Heute hat Eugen eine Eule getroffen.
Die Eule war in einer Scheune.
In der Nacht suchen neun Eulen
nach Beute.

1 die Buchstaben Eu eu nachspuren
2 die Buchstaben Eu eu und Wörter schreiben
3 die Buchstaben Eu eu visuell diskriminieren

1 Handzeichen verwenden
3 einzelne Wörter/Text lesen

Fibel, S. 78/79

~~EURO~~
BEULE
LEUTE
TEUFEL
HEU
FLUGZEUG
EULE

D	EU	R	O	X	Ü	L
W	H	EU	D	O	G	W
L	EU	L	E	M	N	A
U	T	L	EU	T	E	G
T	EU	F	E	L	F	L
F	L	U	G	Z	EU	G
D	E	B	EU	L	E	W

1 Position des Lautes Eu eu auditiv analysieren
2 Wörter im Rätsel finden, markieren

Fibel, S. 78/79
Fö KV 63, KV 63

Die Kinder sehen eine Eule.

Die Eule ist im Baum.

Im Wald sind Leute.

1 Anzahl der Silben schwingen, Vokale/Silben der dick gedruckten Silbenbögen verschriften

2 Sätze in Lineatur schreiben

1 Silben/Wörter verschriften

Fibel, S. 78/79
Fö KV 63, 65, KV 63, 65
MK Silben 19, Lesen 16

1 

mö	mü	mau	mei	meu
Lö	Lü	Lau	Lei	Leu
nö	nü	nau	nei	neu
schö	schü	schau	schei	scheu
Gö	Gü	Gau	Gei	Geu

2 

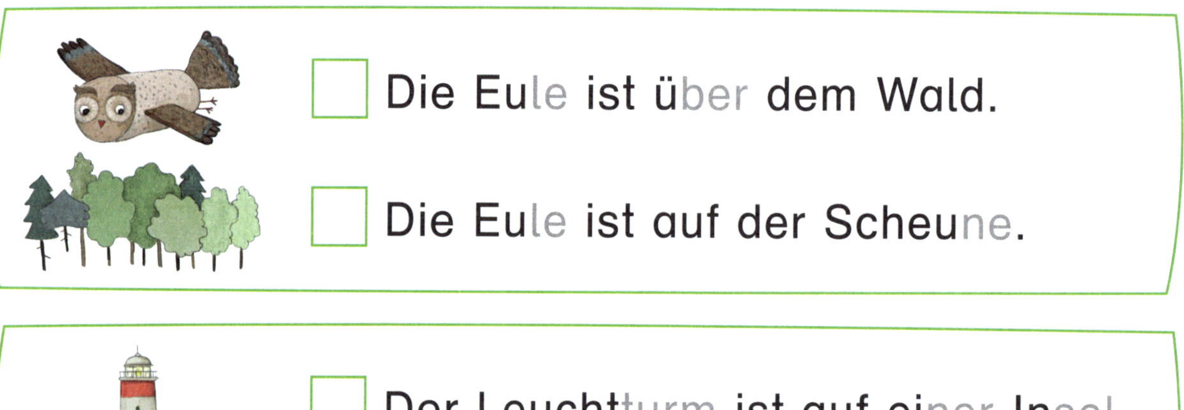

☐ Die Eule ist über dem Wald.

☐ Die Eule ist auf der Scheune.

☐ Der Leuchtturm ist auf einer Insel.

☐ Der Leuchtturm ist im Hafen.

3 

Die Eule ist •	• im Heu. 
Die Leute reisen •	• in der Scheune. 
Neun Kinder sind •	• im Flugzeug. 

1 Silbenteppich lesen
2 Sätze lesen, dem Bild passend zuordnen
3 Sätze passend verbinden

Fibel, S. 78/79, Fö KV 67, 68, 72, KV 67, 68, 72
LMH, S. 36–38
MK Lesen 37, 57, 68

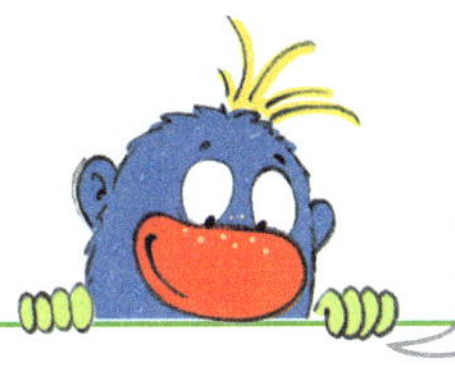

Aha!

Jede Silbe hat einen Stern.
Auch **Ö ö** und **Ü ü** sind Sterne.

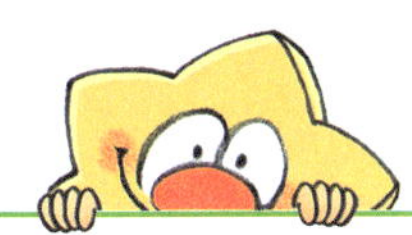

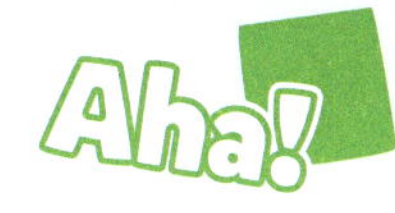

Alle Selbstlaute kennen

1 ~~Löwe~~ König Möwe Tüte Hüte Bücher

Löwe

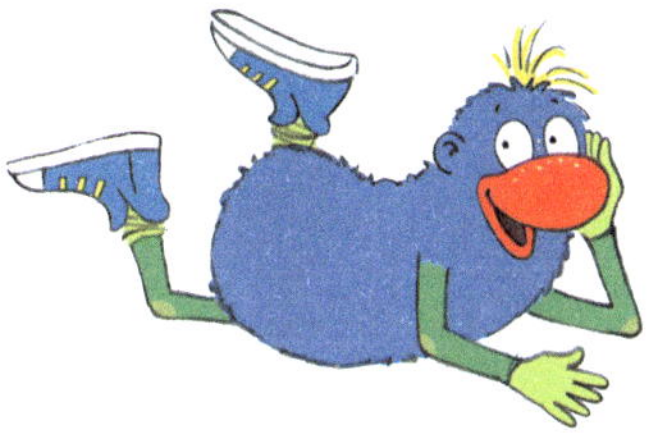

Jede Silbe hat einen Stern.
Auch **Ei ei**, **Au au** und **Eu eu**
sind Sterne.

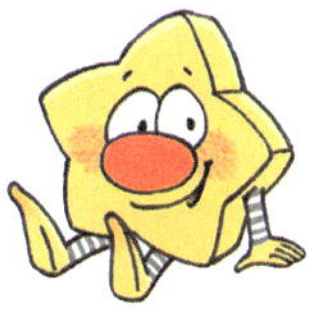

2 ~~Seife~~ Seile Maus tauchen Beule heulen

Seife

3 ü ö ei eu au

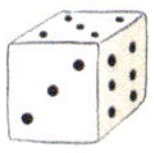 W ü rfel

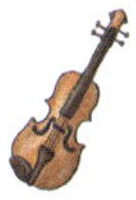 G___ge

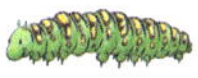 R___pe

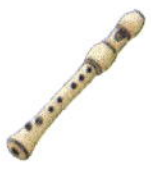 Fl___te

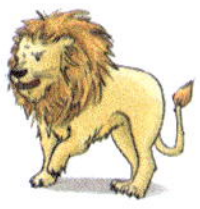 L___we

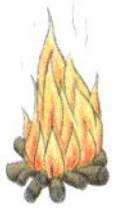 F___er

Würfel

1 2 Wörter schreiben, Silben schwingen, Vokale markieren
3 Vokale einsetzen, Wort schwingen, schreiben

RS, S. 8
Fö KV 64, 70, KV 64, 70
MK Silben 20–24

Ähnlich klingende Laute unterscheiden (B/P, D/T und G/K)

Bei **P**, **T** und **K** spürst du einen kleinen Luftzug, wenn du gegen die Hand sprichst.

B oder P?

 das Buch

 der Pilz

 die __olizei

 die __anane

D oder T?

 das __ach

 der __ino

 die __ube

 die __asse

G oder K?

 die __abel

 der __orb

 die __atze

 die __ans

 B    Buch

 P  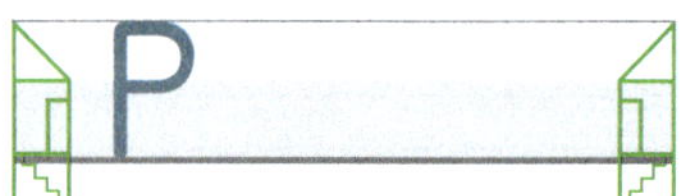 P

 D  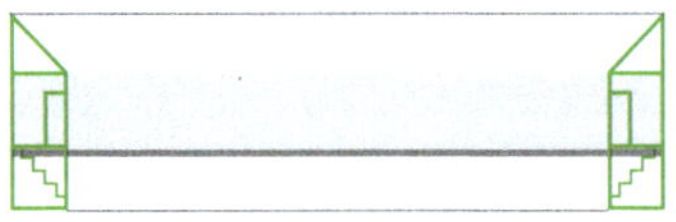

 T  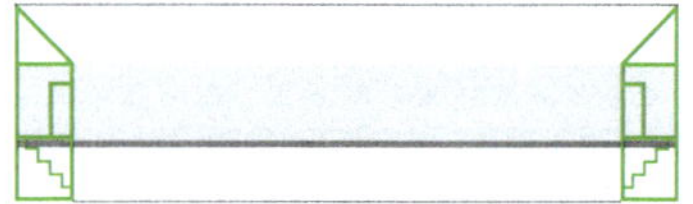

 G  

 K  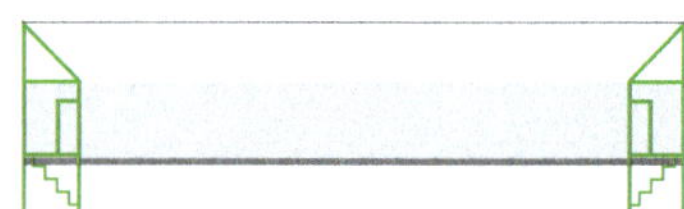

1 Buchstaben einsetzen
2 Wörter passend zum Bild verschriften

1 Handzeichen verwenden

Fö KV 71, KV 71

1

Wir gehen in den Wald.

Ella pflegt ein Pferd.

Die Eule sucht Beute.

Ich kann Sätze in Linien schreiben.

2

W w

Pf pf

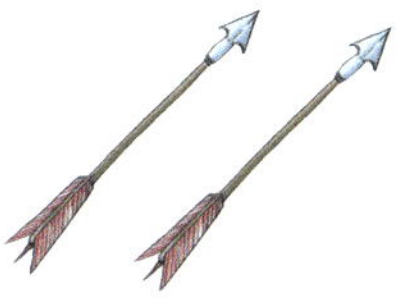

Ich kann Laute in einem Wort hören.

1 Sätze in Lineatur schreiben
2 Position eines Lautes auditiv analysieren

Das kann ich, S. 14, 15
LSTE 6
C

Das kann ich!

1

GRAS

HÜTE

APFEL

LÖWE

FEUER

B	H	Ü	T	E	P
F	EU	E	R	B	K
A	P	G	R	A	S
L	Ö	W	E	L	H
I	A	PF	E	L	B

Ich kann Wörter in einem Suchsel finden.  

2

Ein Reiter reitet •	• ein Regenbogen. 
Am Baum ist •	• auf seinem Pferd. 
Am Himmel ist •	• ein roter Apfel. 

Ein Pilot reist •	• Fleisch. 
Auf dem Herd ist •	• im Flugzeug. 
Der Löwe mag •	• ein Topf. 

Ich kann Sätze lesen und verstehen.  

1 Wörter im Rätsel finden, markieren
2 Sätze passend verbinden

Das kann ich, S. 14, 15
LSTE 6
C

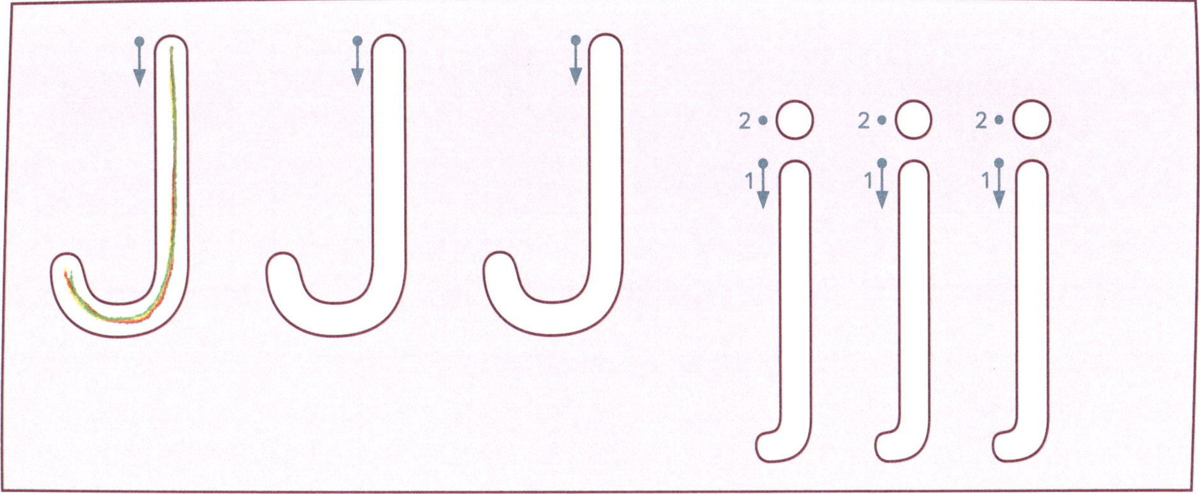

3 Im Januar jodelt der Jaguar
beim Judo.
Jan übt jeden Tag
Jo-Jo im Kajak.

1 den Buchstaben J j nachspuren
2 den Buchstaben J j und Wörter schreiben
3 den Buchstaben J j visuell diskriminieren

1 Handzeichen verwenden
3 einzelne Wörter/Text lesen

Fibel, S. 84/85
Fö KV 74

je	ji	jo	jau	jei	jeu
ja	je	ju	jau	jei	jo
ga	ge	gi	go	gu	gei
ge	gi	go	ga	gei	gau
Ge	Gi	Go	Ga	Gei	Gau

☐ Josef jodelt beim Judo.

☐ Josef ist an der Boje.

☐ Josef hat ein Kajak.

1 Position des Lautes J j auditiv analysieren
2 Silbenteppich lesen
3 Sätze lesen, dem Bild passend zuordnen

Fibel, S. 84/85
Fö KV 73, KV 73
LMH, S. 39, MK Lesen 28

1 

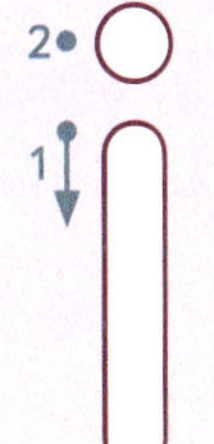
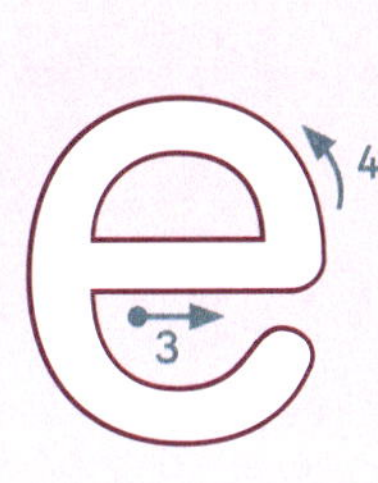
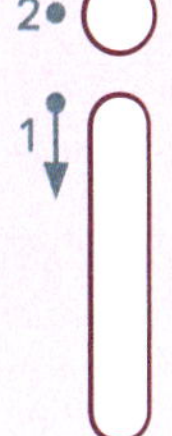

2 

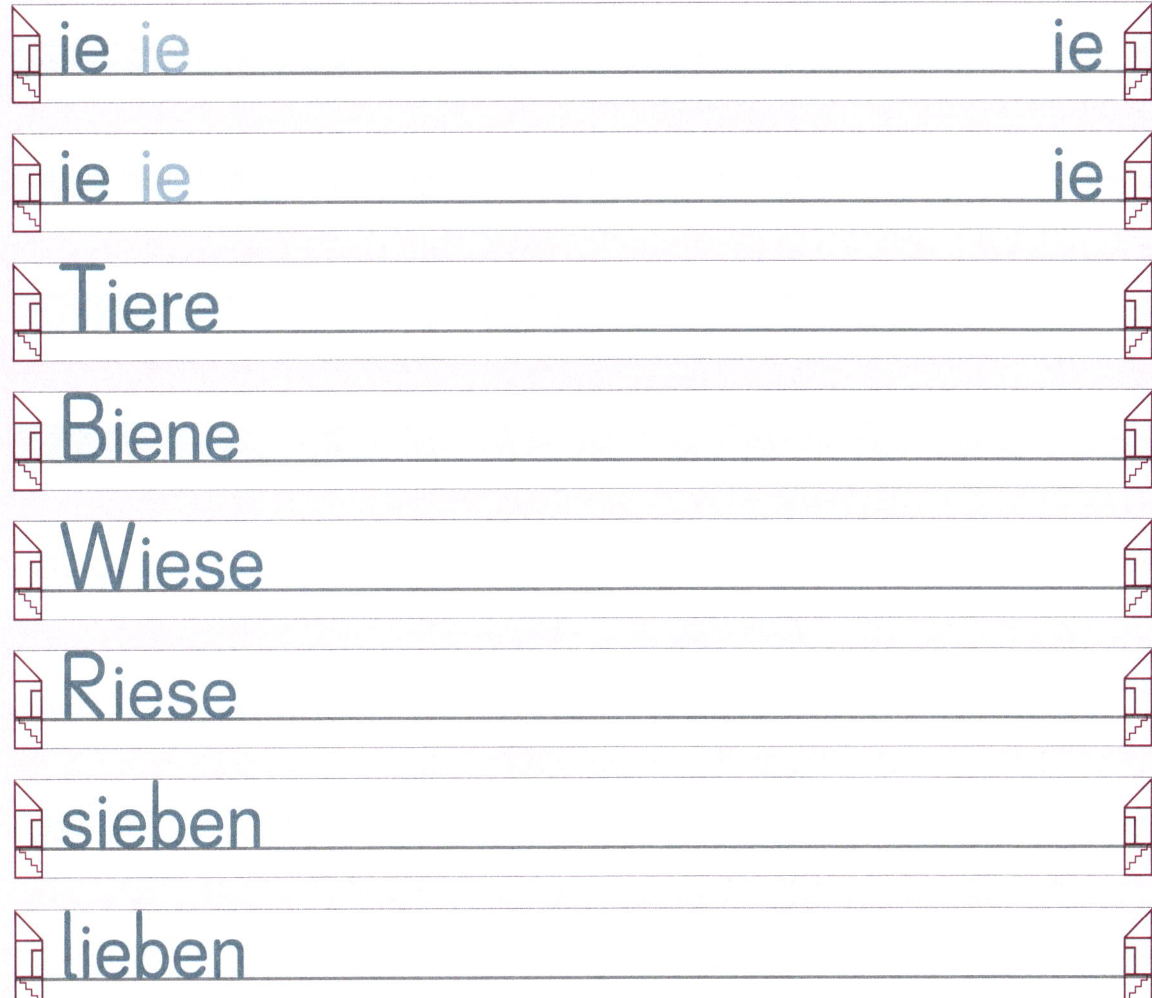

3

Sieben liebe Riesen liefen
mit sieben Stiefeln
tief ins Riesengebirge.

1 die Buchstaben ie nachspuren
2 die Buchstaben ie und Wörter schreiben
3 die Buchstaben ie visuell diskriminieren

3 einzelne Wörter/Text lesen

Fibel, S. 86

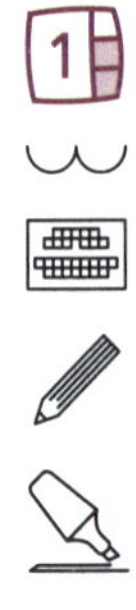

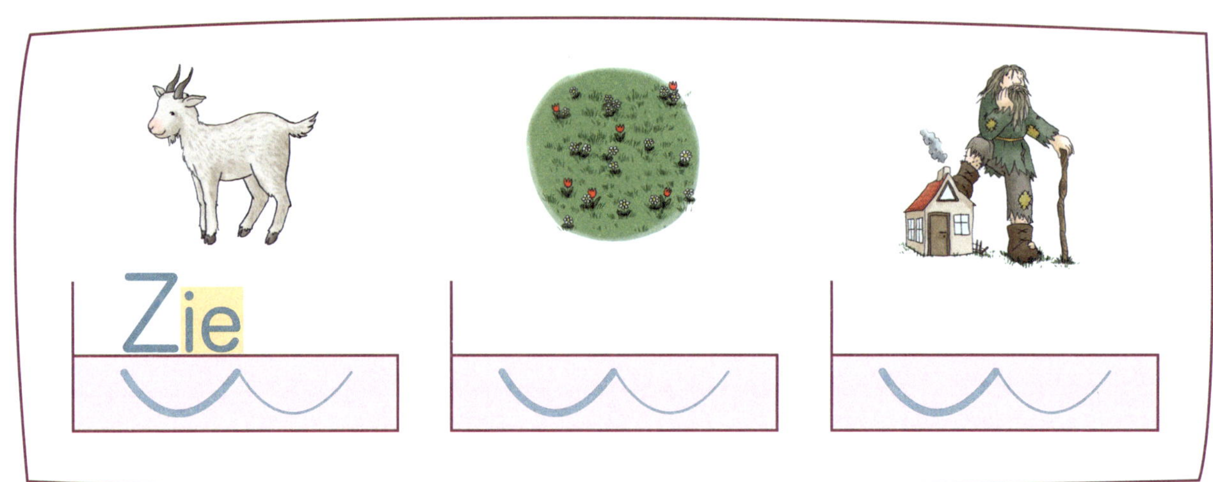

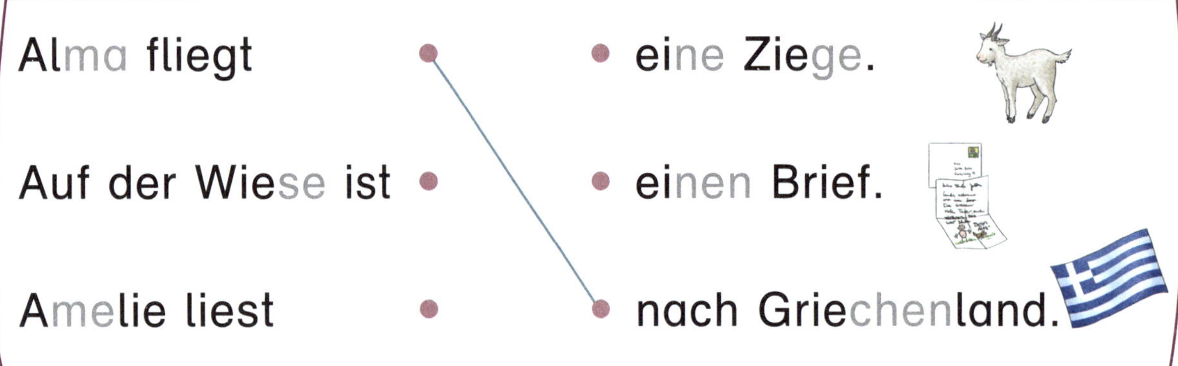

1 Anzahl der Silben schwingen
2 Silben zu Wörtern verbinden und verschriften
3 Sätze passend verbinden

1 Vokale/Silben verschriften

Fibel, S. 86
LMH, S. 40, RS, S. 15
MK Lesen 39, 44

ß

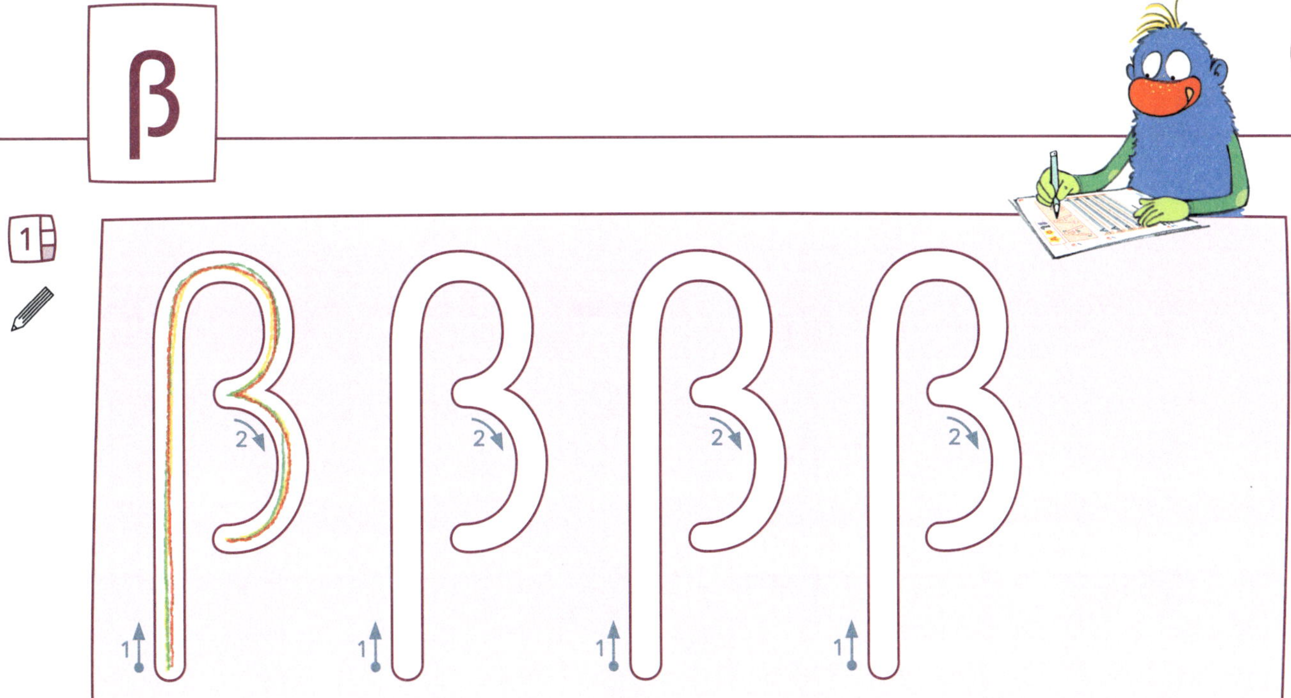

1

3 Weiße Geißlein zerbeißen
heiße Klöße mit Soße.
Ich weiß, das ist großer Unsinn.

1 den Buchstaben ß nachspuren
2 den Buchstaben ß und Wörter schreiben
3 den Buchstaben ß visuell diskriminieren

3 einzelne Wörter/Text lesen

Fibel, S. 87
Fö KV 74

1

2

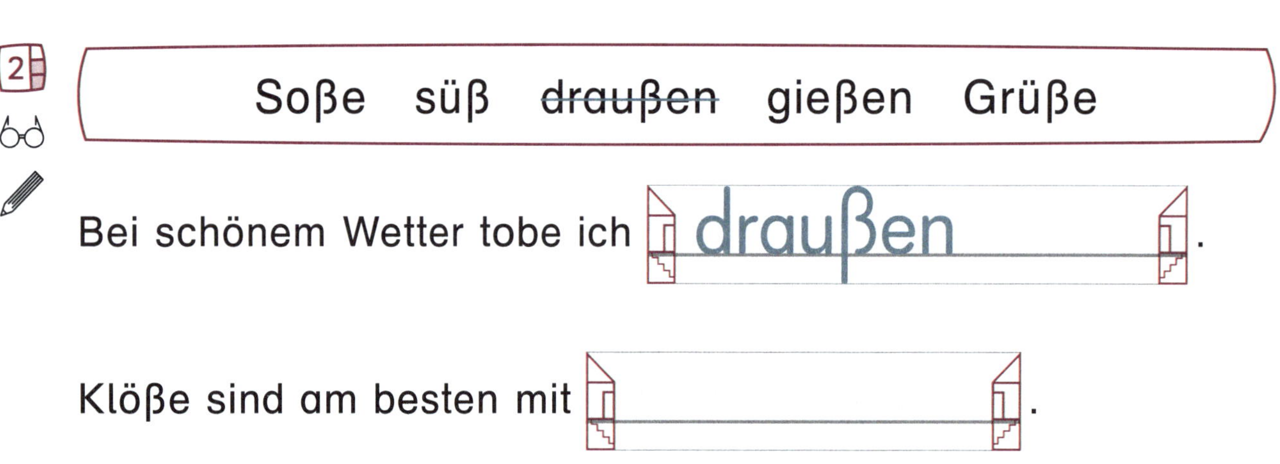

1 Silben zu Wörtern verbinden, verschriften, Silben schwingen, Vokale markieren

2 Sätze lesen und Wörter passend einsetzen

Fibel, S. 87, Fö KV 75, KV 75
LMH, S. 41, RS, S. 16
MK Lesen 58, 69

Nach dem Spuken speisen
die Gespenster Spaghetti.
Die Gespenster sprechen
Spanisch zum Spaß.

1 die Buchstaben Sp sp nachspuren
2 die Buchstaben Sp sp und Wörter schreiben
3 die Buchstaben Sp sp visuell diskriminieren

3 einzelne Wörter/Text lesen

Fibel, S. 88

1

2

spa	spe	spie	spo	spu	spei
Spa	Spe	Spie	Spo	Spu	Spei
ja	je	jie	jo	ju	jei
ga	ge	gie	go	gu	gei

3

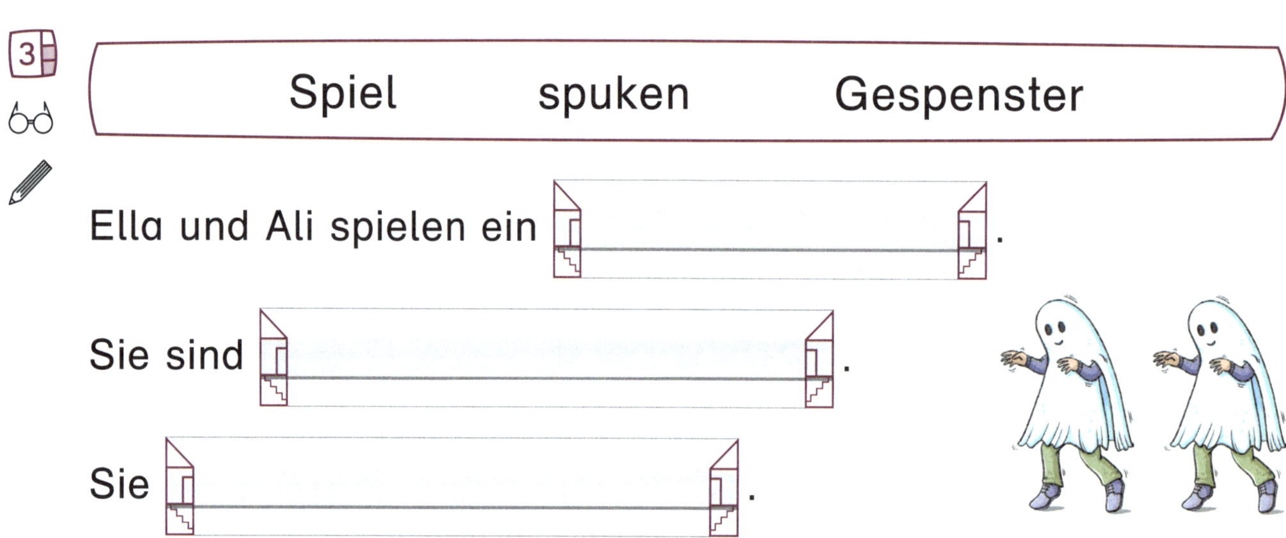

1 Silben zu Wörtern verbinden, verschriften
2 Silbenteppich lesen
3 Text lesen, Wörter passend einsetzen

Fibel, S. 88
Fö KV 76–78, KV 76–78
LMH, S. 42

St st

1

2

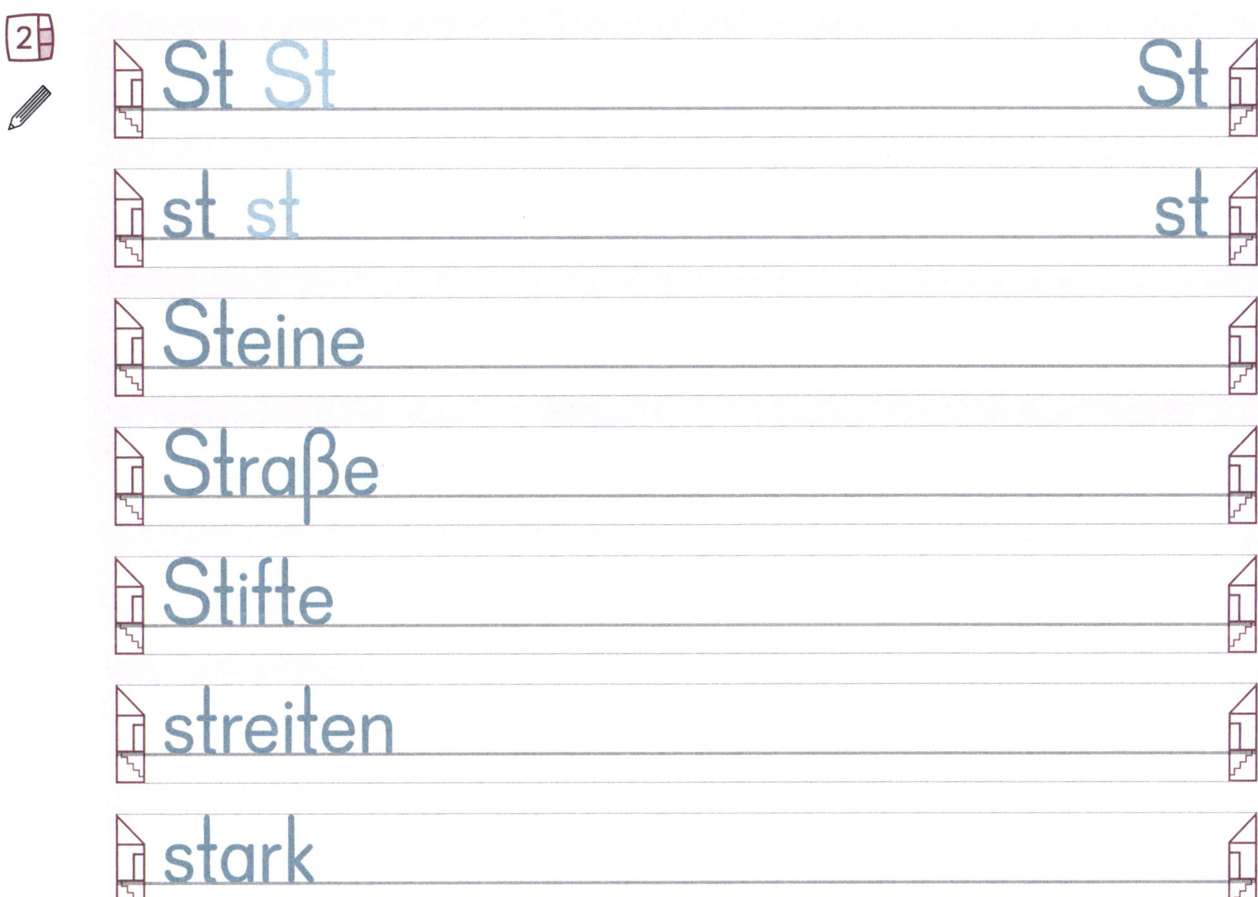

3 Starke Kinder stehen nicht stundenlang im Stau. Sie streifen lieber durch die Stadt und streiten sich um Strümpfe.

1 die Buchstaben St st nachspuren
2 die Buchstaben St st und Wörter schreiben
3 die Buchstaben St st visuell diskriminieren

3 einzelne Wörter/Text lesen

Fibel, S. 89

1 St oder Sp?

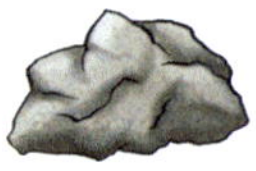

der St ein — der ____ ift

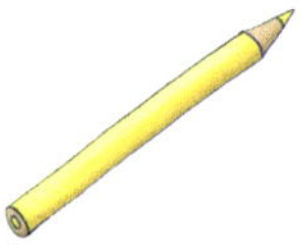

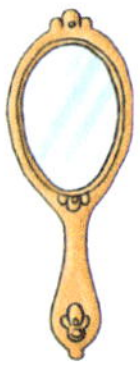

der Sp iegel — das ____ iel

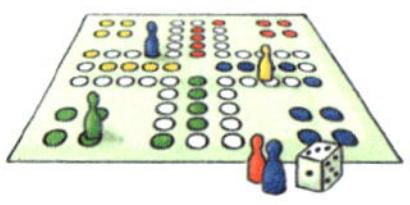

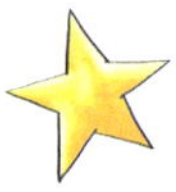

der ____ ern — die ____ irale

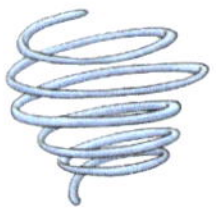

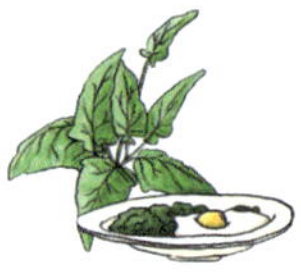

der ____ inat — der ____ achel

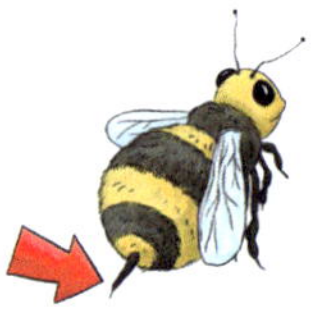

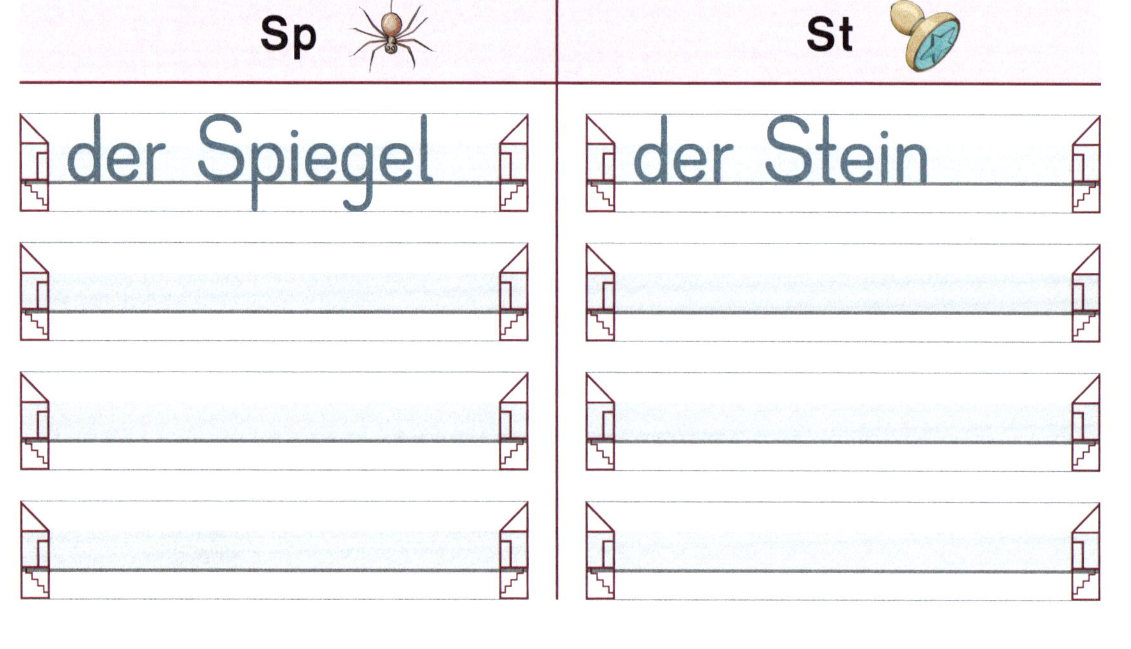

1 den Anlaut Sp oder St einsetzen und die Wörter entsprechend in der Tabelle verschriften

Fibel, S. 89
Fö KV 78, KV 78, LMH, S. 43
MK Lesen 48, 59, 61

1

2

Qu Qu Qu

qu qu qu

Quiesel

Qualle

quaken

quasseln

3

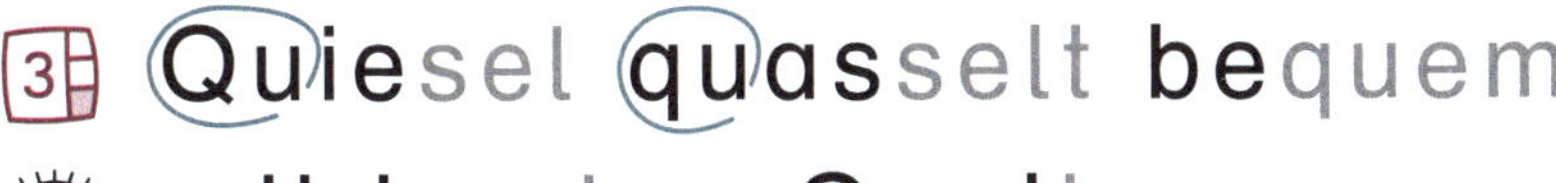

1 die Buchstaben Qu qu nachspuren
2 die Buchstaben Qu qu und Wörter schreiben
3 die Buchstaben Qu qu visuell diskriminieren

3 einzelne Wörter/Text lesen

Fibel, S. 90/91

1

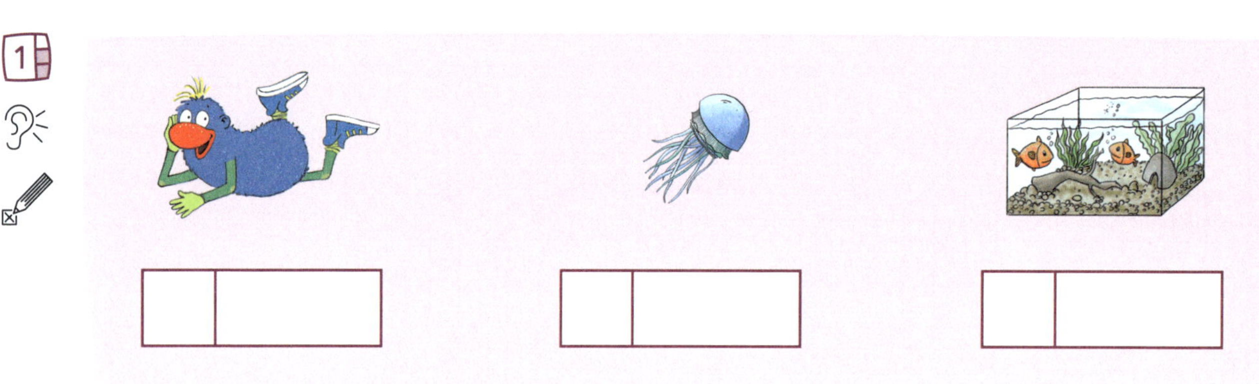

2

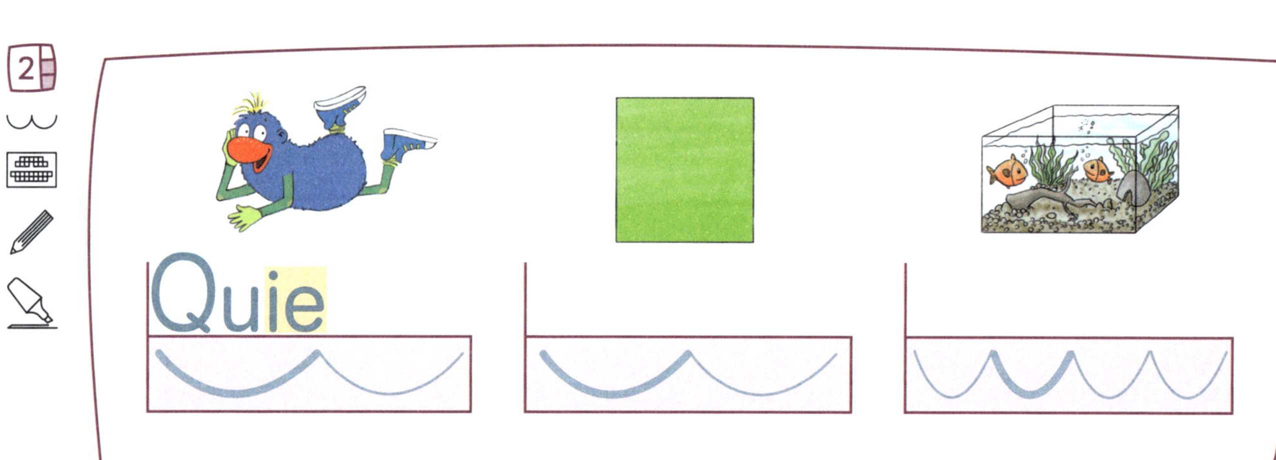

3

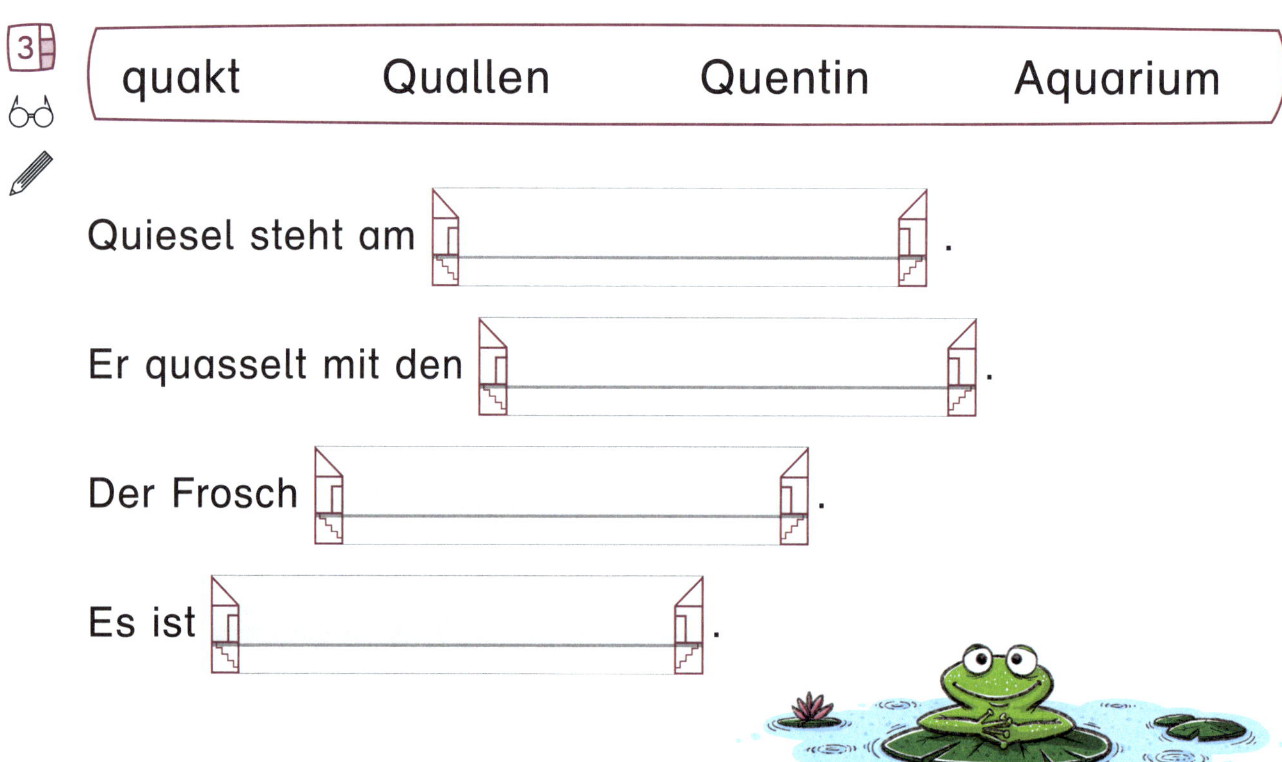

quakt Quallen Quentin Aquarium

Quiesel steht am ______________ .

Er quasselt mit den ______________ .

Der Frosch ______________ .

Es ist ______________ .

[1] Position des Lautes Qu qu auditiv analysieren
[2] Anzahl der Silben schwingen
[3] Text lesen und Wörter passend einsetzen

[2] Vokale/Silbenverschriften

Fibel, S. 90/91
Fö KV 79, 86, KV 79, 86
LMH, S. 44, MK Lesen 40

V v

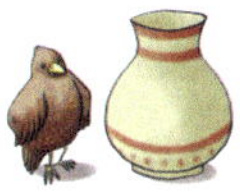

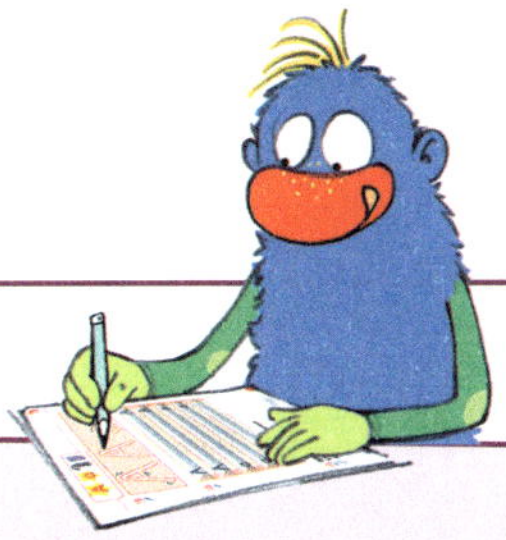

1

V V v v

2

V V V

v v v

Vulkan

von

viel

3

 Vo — kan der

 Vul — gel der Vogel

 Va — pir der

 Vam — ter der

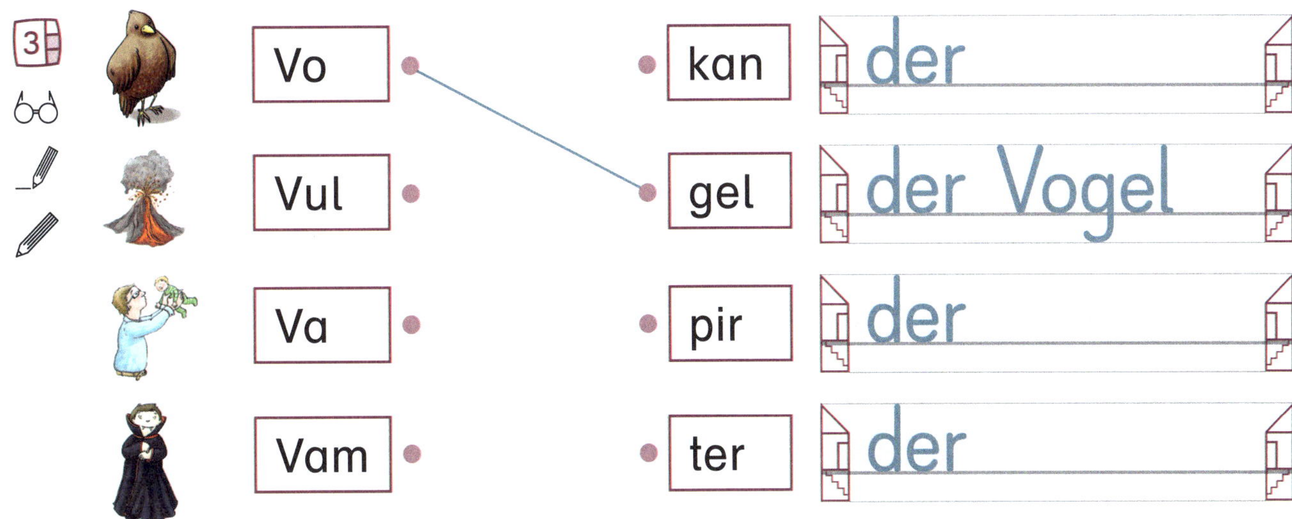

1 den Buchstaben V v nachspuren
2 den Buchstaben V v und Wörter schreiben
3 Bilder und Silben verbinden, Wort schreiben

Fibel, S. 92/93

 ~~der Vollmond~~
 der Verband
 ~~der Vampir~~
 die Vier
 der Vater
 der Vulkan
 die Vase
 die Villa

 V klingt wie in 	 V klingt wie in 
der Vollmond	der Vampir

Auf der Wiese blühen •	• viele Vögel. 
Am Wald ist •	• schöne Veilchen.  
Am Himmel fliegen •	• eine Villa.  

1 Wörter mit V v entsprechend der beiden Lautqualitäten ordnen
2 Sätze passend verbinden

Fibel, S. 92/93, Fö KV 80–85
KV 80–85, LMH, S. 45, 46
MK Lesen 45, 49, 60, 70

Wörter mit Sp sp, St st und Qu qu schreiben M

Wenn du Schp hörst,
schreibst du **Sp sp** wie bei  .

1

Spie

Wenn du Scht hörst,
schreibst du **St st** wie bei  .

2

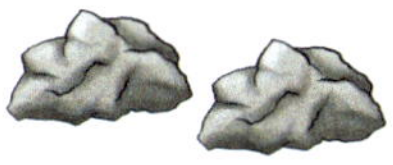

Stei

Wenn du Kw hörst,
schreibst du **Qu qu** wie bei  .

3

Qua

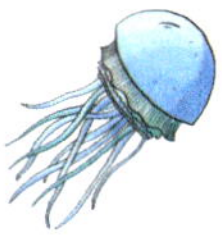

1 2 3 Anzahl der Silben schwingen, Vokale/Silben der dick gedruckten Silbenbögen verschriften

1 2 3 Silben/Wörter verschriften

RS, S. 12–14
Fö KV 76, 79, KV 76, 79

Wörter mit V v schreiben (M)

Hörst du F oder W, schreibst du manchmal V v .
Diese Wörter musst du dir merken!

1

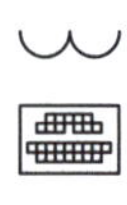

2

 Vogel

 Vater

 Vampir

 Vase

V klingt wie 	V klingt wie 
Vollmond	Pullover

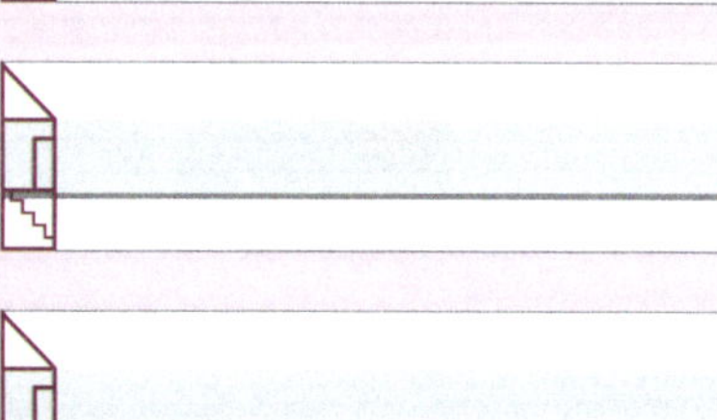
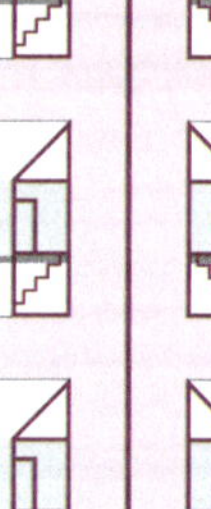

1 Anzahl der Silben schwingen
2 Wörter mit V v entsprechend der beiden Lautqualitäten ordnen

1 Vokale / Silben / Wörter verschriften

RS, S. 17
Fö KV 80, 81, KV 80, 81

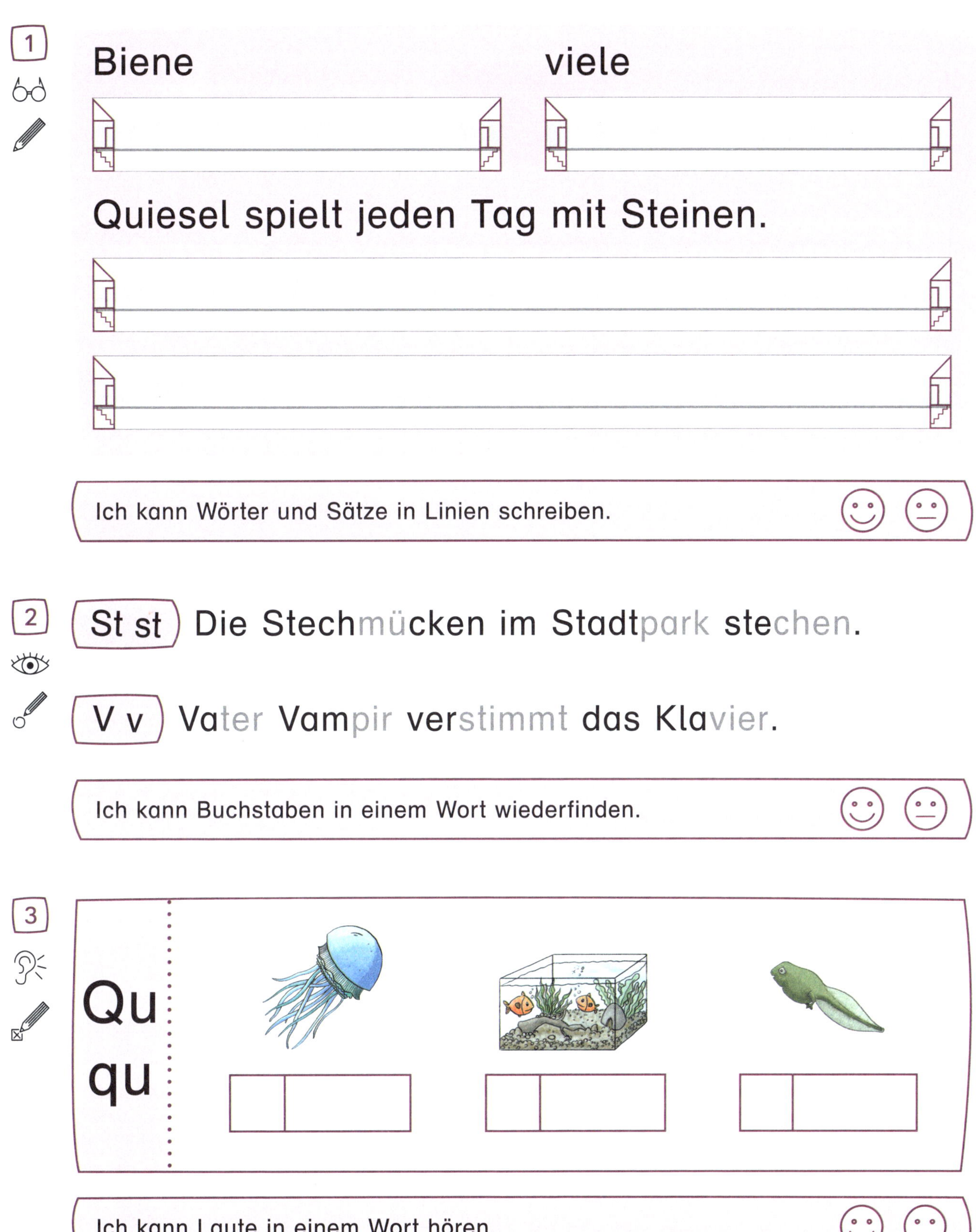

1

Biene viele

Quiesel spielt jeden Tag mit Steinen.

Ich kann Wörter und Sätze in Linien schreiben.

2

St st Die Stechmücken im Stadtpark stechen.

V v Vater Vampir verstimmt das Klavier.

Ich kann Buchstaben in einem Wort wiederfinden.

3

Qu qu

Ich kann Laute in einem Wort hören.

1 Wörter/Sätze in Lineatur schreiben
2 Buchstaben visuell diskriminieren
3 Position des Lautes auditiv analysieren

2 einzelne Wörter/Text lesen

Das kann ich, S. 16, 17
LSTE 7
C

Das kann ich!

1

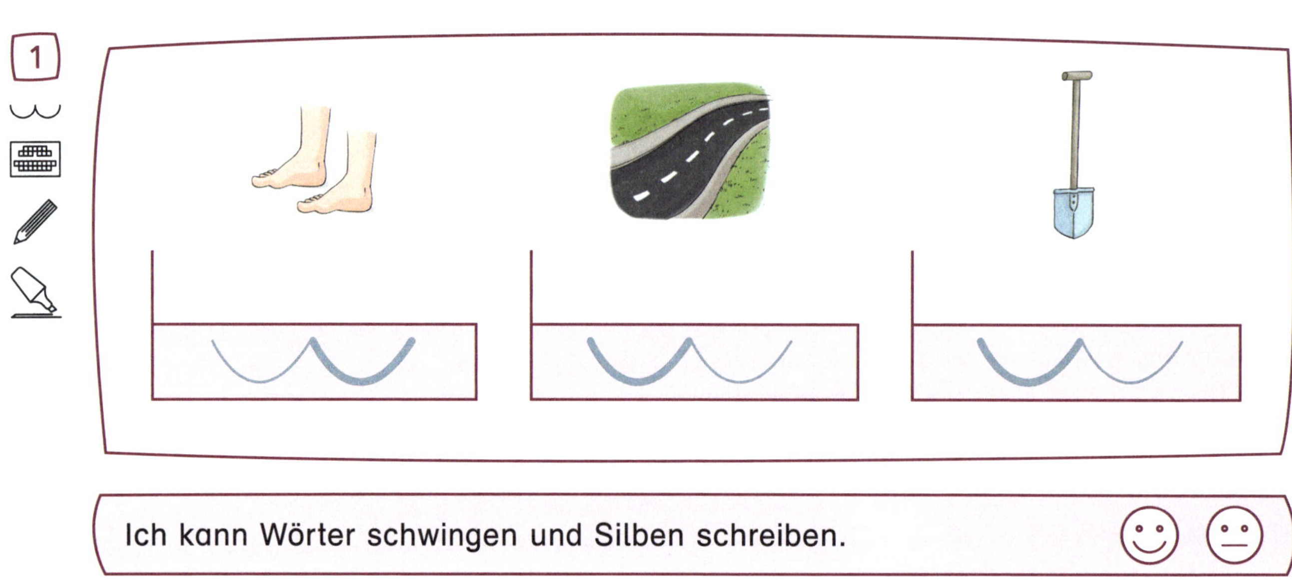

Ich kann Wörter schwingen und Silben schreiben.

2

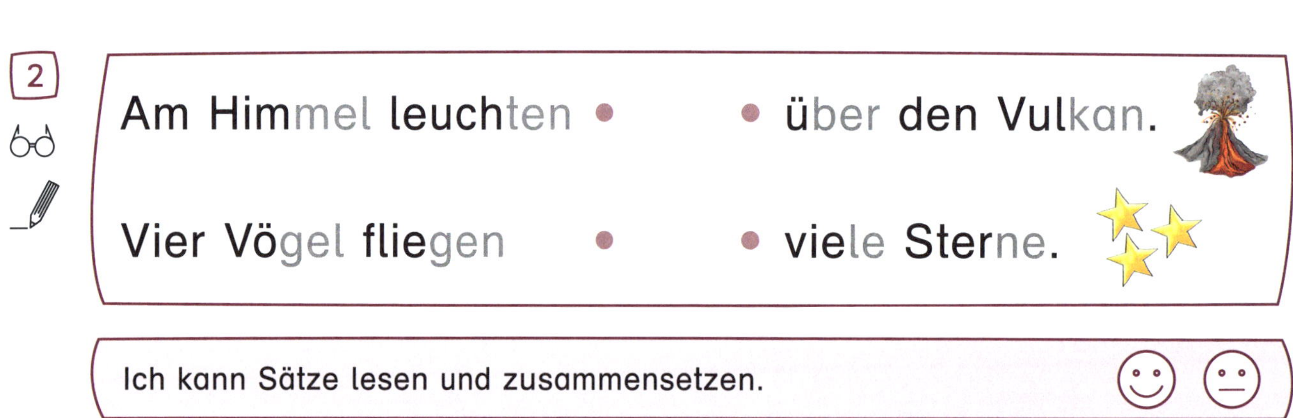

Ich kann Sätze lesen und zusammensetzen.

3

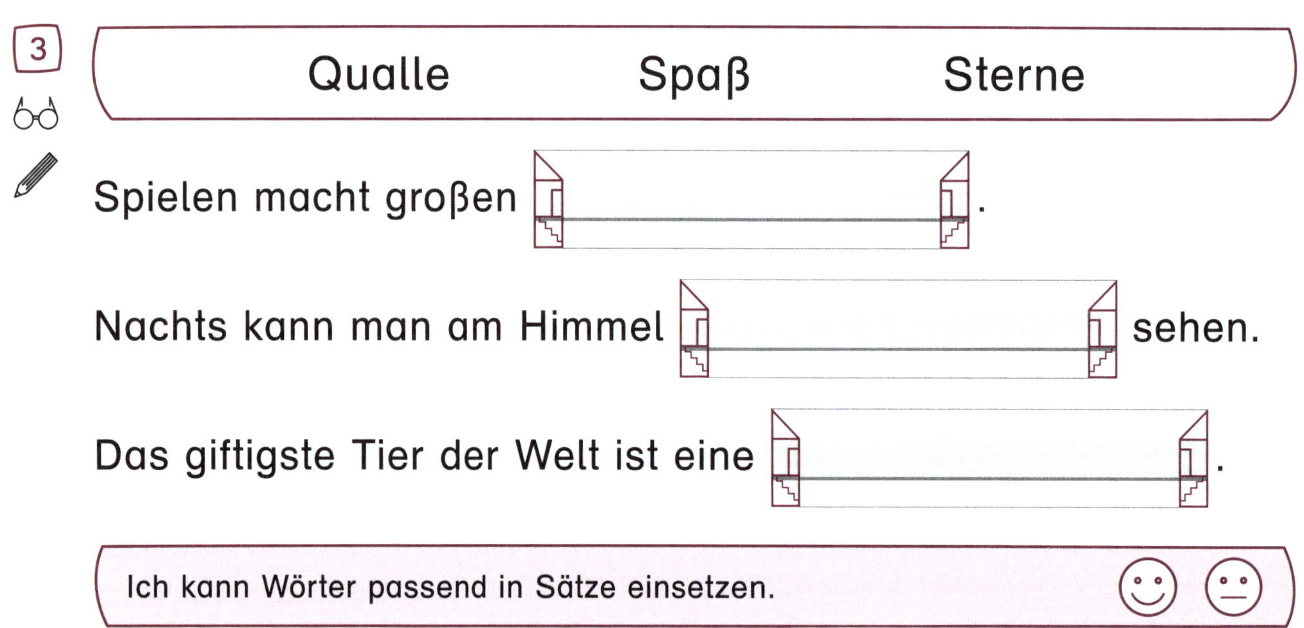

Ich kann Wörter passend in Sätze einsetzen.

1 Anzahl der Silben schwingen
2 Sätze passend verbinden
3 Text lesen und Wörter passend einsetzen

1 Vokale/Wörter verschriften

Das kann ich, S. 16, 17
LSTE 7

ng

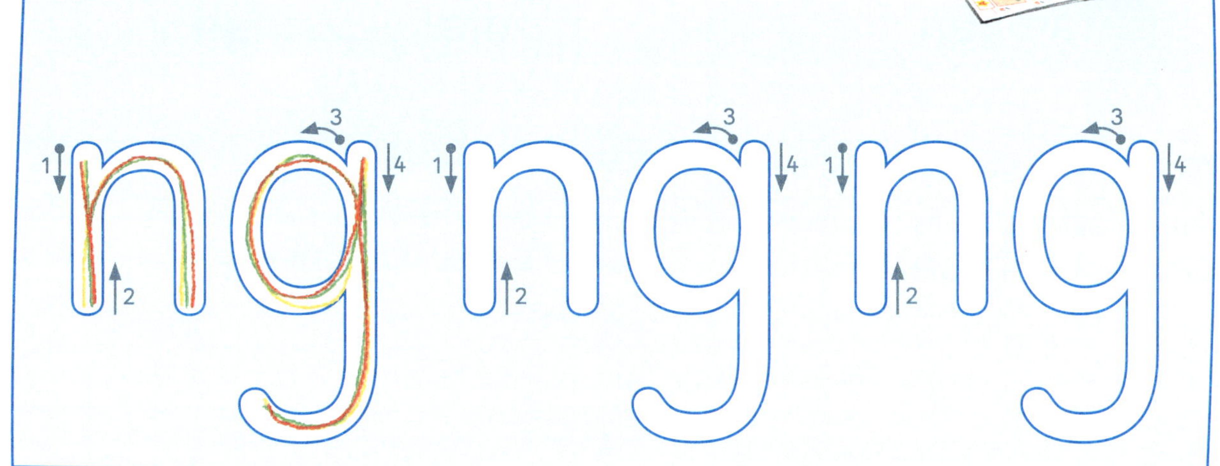

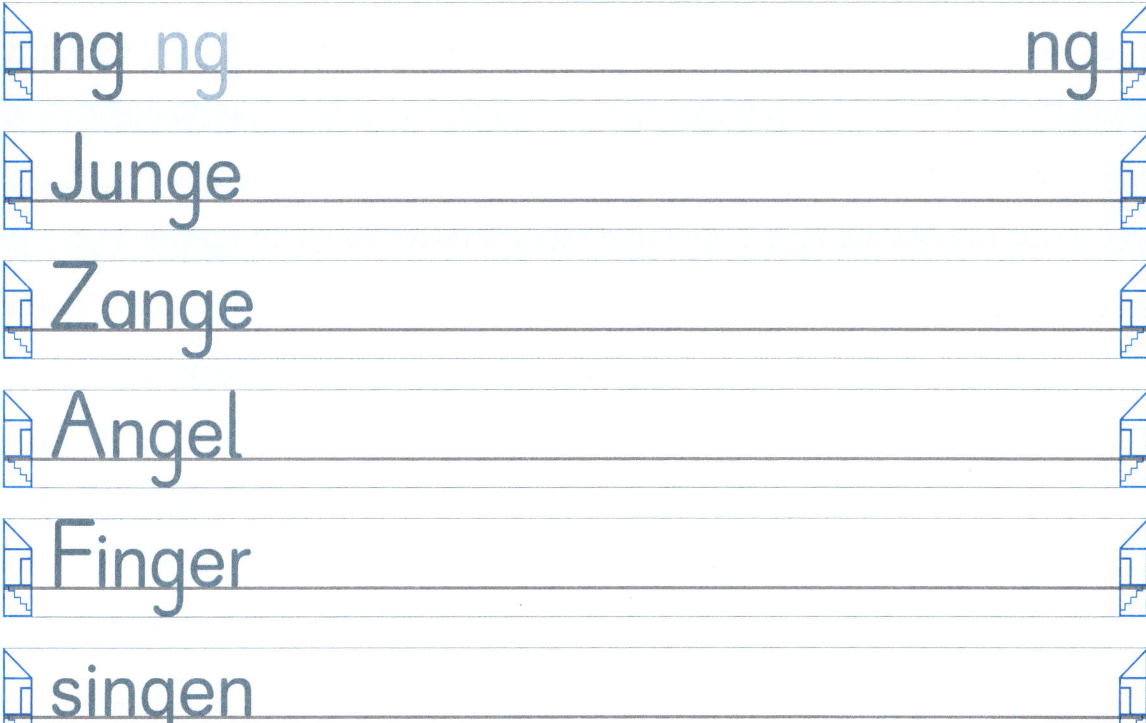

Zwei Jungen angeln
mit Zangen nach Ringen.
Jeder hat zehn Finger.
Engel haben keinen Hunger.

1 die Buchstaben ng nachspuren
2 die Buchstaben ng und Wörter schreiben
3 die Buchstaben ng visuell diskriminieren

3 einzelne Wörter/Text lesen

Fibel, S. 98

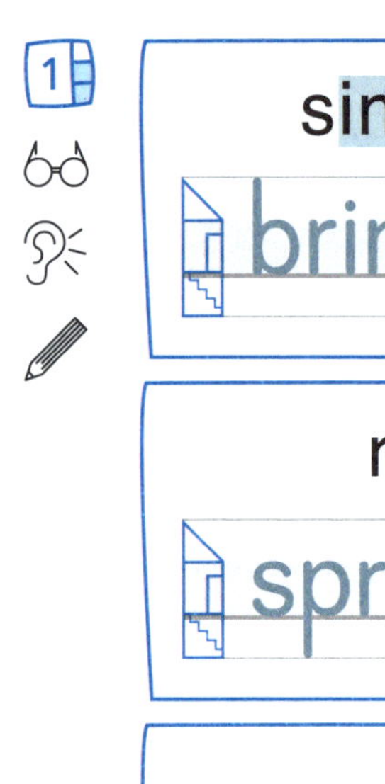

Wer ist Peter?

Peter hat blaue Kleidung an.

Auf dem Hemd ist ein Schmetterling.

Unter dem Arm hat Peter eine Zeitung.

In der Hand hat er eine Angel.

Die Angel ist lang.

1 Reimwörter finden, verschriften
2 Text sinnerfassend lesen, das Rätsel lösen

Fibel, S. 98
Fö KV 88, KV 88
LMH, S. 47

nk

1

2

nk nk nk

Onkel

denken

winken

krank

trinken

Lenker

3

Der flinke Fink trinkt Tee
aus der Tränke.
Mein Onkel hat ein Auto
mit Lenkrad, Tank und Blinker.

1 die Buchstaben nk nachspuren
2 die Buchstaben nk und Wörter schreiben
3 die Buchstaben nk visuell diskriminieren

3 einzelne Wörter/Text lesen

Fibel, S. 99

1

2 Ein Wort passt nicht!

Wir schenken Mama | Blumen | ~~Quallen~~ .

Das Schiff kann | trinken | sinken .

Am Abend ist es | dunkel | hell .

Vor einer Schranke muss man | warten | schlafen .

Opa trinkt gerne | Öl | Kaffee .

Im Schrank liegen | Hosen | Schlangen .

Am Auto blinkt die gelbe | Bank | Lampe .

1 Wörter einem Bild zuordnen, verschriften
2 Sätze sinnerfassend lesen, falsches Wort durchstreichen

Fibel, S. 99
Fö KV 88, KV 88
LMH, S. 48, MK Lesen 41

1

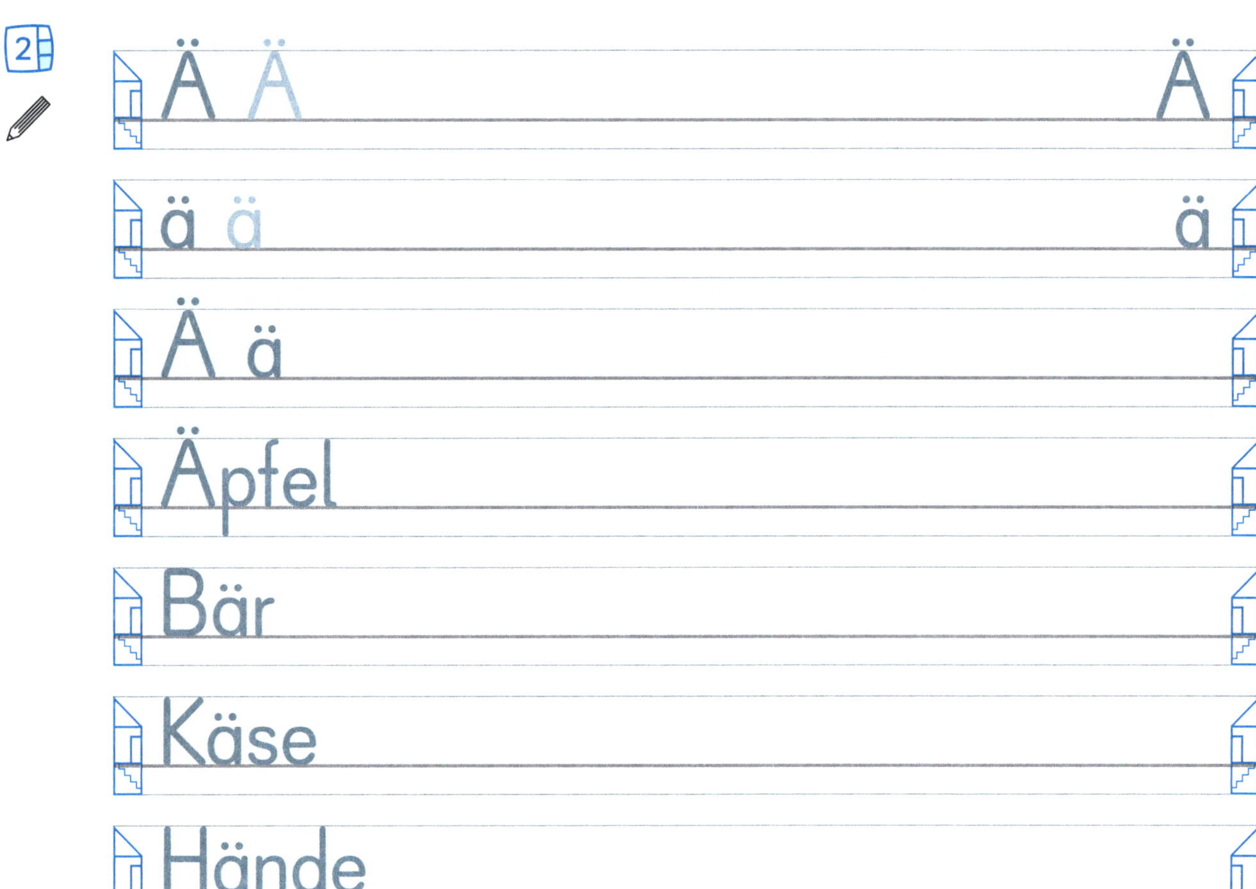

3

Bären wählen Käse.
Käfer wählen Blätter.
Äpfel hängen an den Ästen.

1

~~Äpfel~~ Hände Kräne Gläser

ein Apfel – drei Äpfel

ein Glas – drei

eine Hand – drei

ein Kran – drei

2 Ein Wort passt nicht!

Am Baum hängen ~~Gläser~~ Äpfel .

Wir winken mit den Händen Füßen .

Ein Bär Löwe mag Honig.

Jäger jagen im Haus Wald .

Im Sommer ist es wärmer kälter als im Winter.

Autos Roller haben vier Räder.

Kinder Käfer spielen gerne mit Bällen.

1 Plural passend ableiten und schreiben

2 Sätze sinnerfassend lesen, falsches Wort durchstreichen

Fibel, S. 100
Fö KV 89, KV 89
LMH, S. 49, MK Lesen 62, 71

1

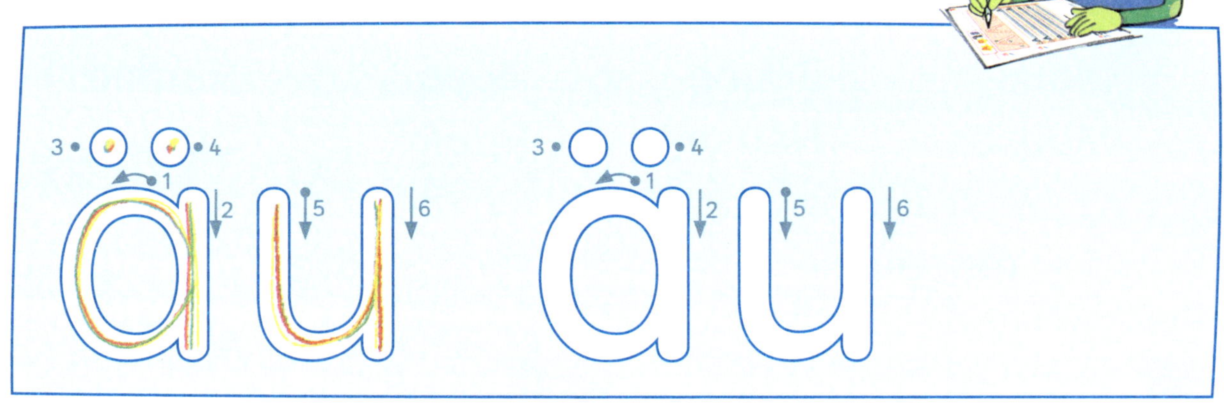

2

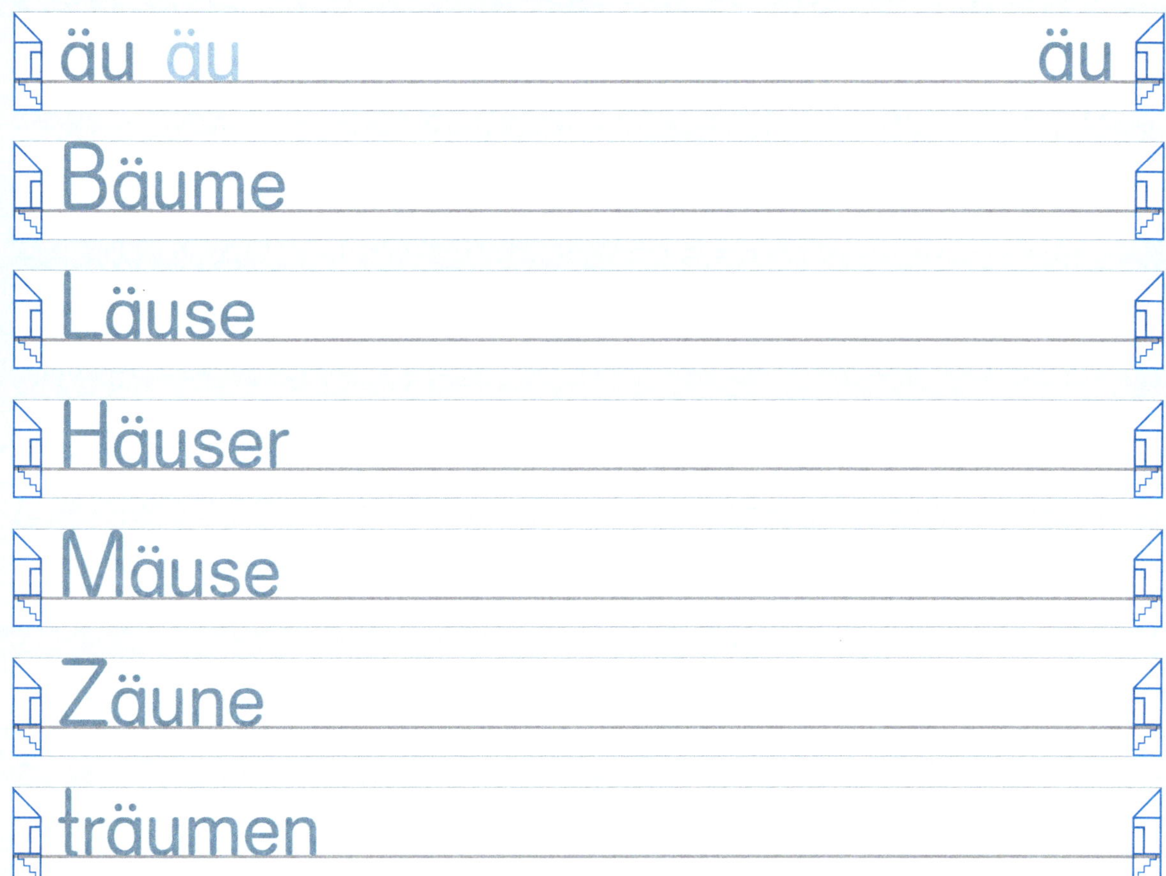

äu äu äu

Bäume

Läuse

Häuser

Mäuse

Zäune

träumen

3 Läuse warten häufig auf Bäumen und Sträuchern.
Die grauen Mäuse träumen.
In den Häusern sind Räuber.

1 die Buchstaben äu nachspuren
2 die Buchstaben äu und Wörter schreiben
3 die Buchstaben äu visuell diskriminieren

3 einzelne Wörter/Text lesen

Fibel, S. 101

~~Maus~~ Zäune Haus Bäume
~~Mäuse~~ Häuser Baum Zaun

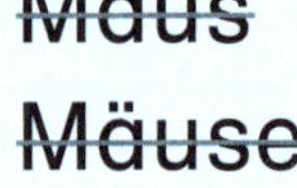

ein / eine	drei
eine Maus	drei Mäuse
ein	

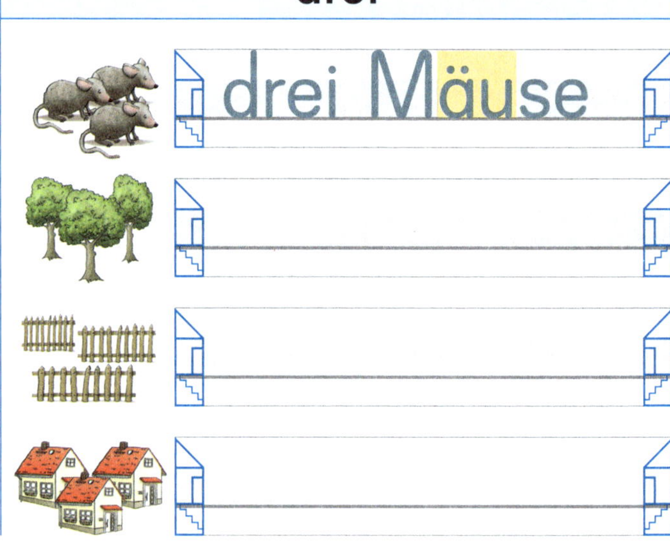

Räuber Mäusegrau

Mäusegrau ist der Räuber
mit den drei Messern.
In einer Hand hat er eine Pistole.
Der Hut ist rot mit einer Feder.
Er hat einen schwarzen Bart.
Die Hose ist schwarz.
Sein Pullover ist grün.
Male.

1 Plural passend ableiten und schreiben
2 Text sinnerfassend lesen und fehlende Elemente im Bild ergänzen

Fibel, S. 101
Fö KV 90, 101, KV 90, 101
LMH, S. 50, MK Lesen 46, 63

C c

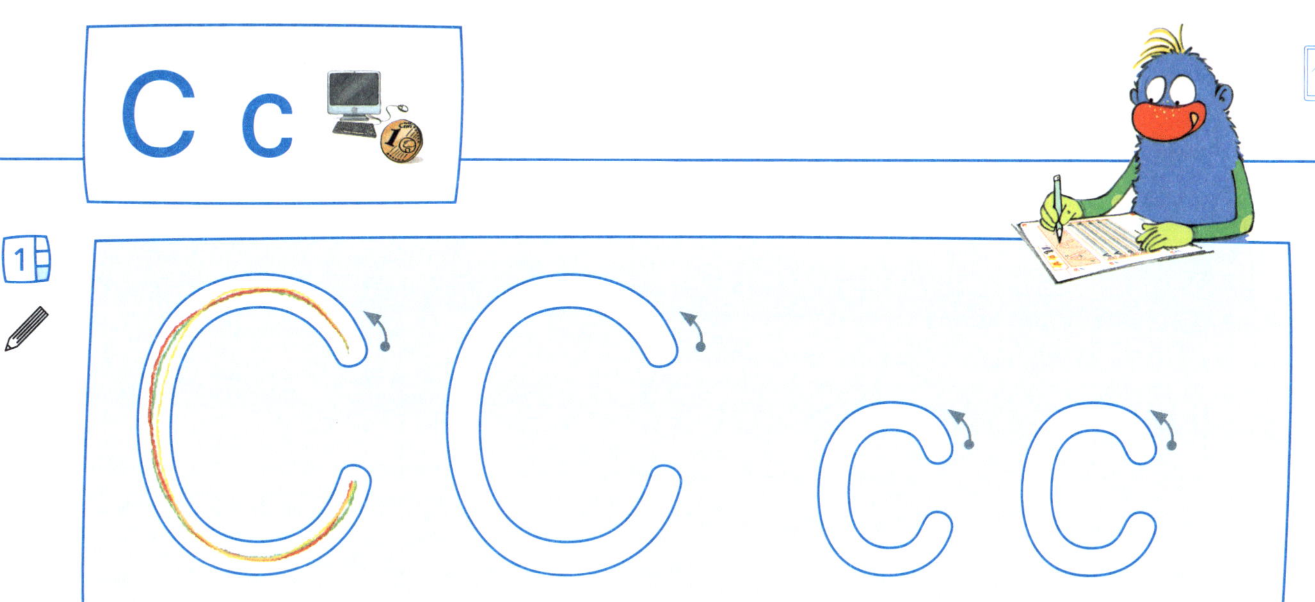

1

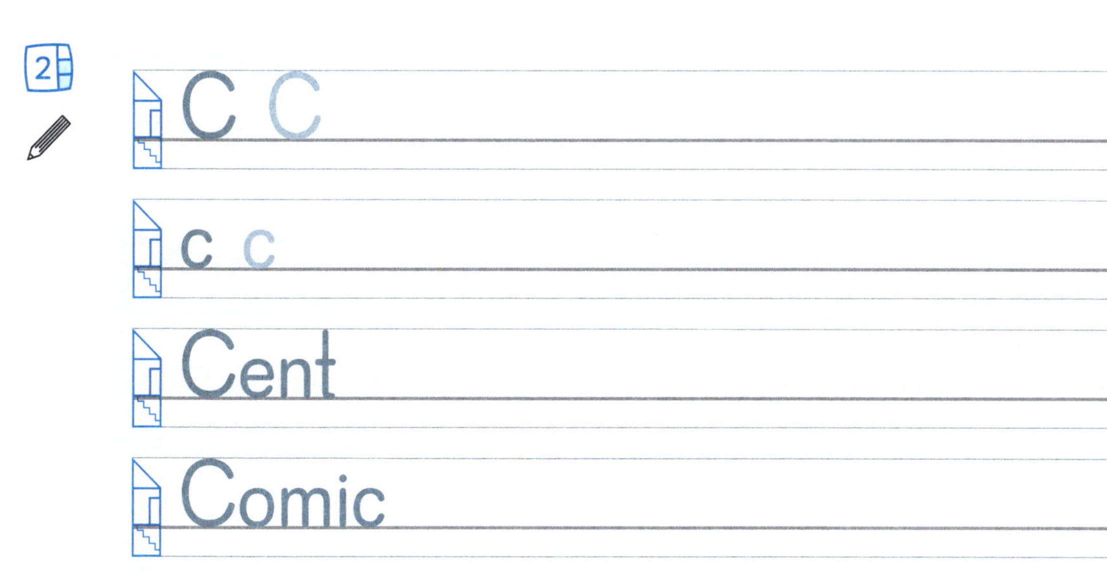

3

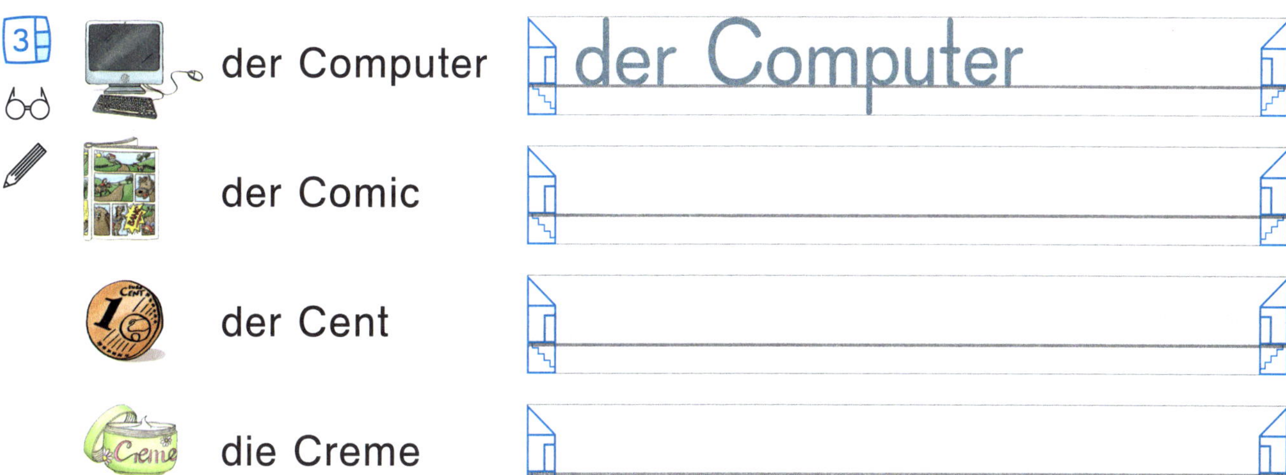

1 den Buchstaben C c nachspuren
2 den Buchstaben C c und Wörter schreiben
3 Wörter lesen und verschriften

Fibel, S. 102
RS, S. 19

Ch

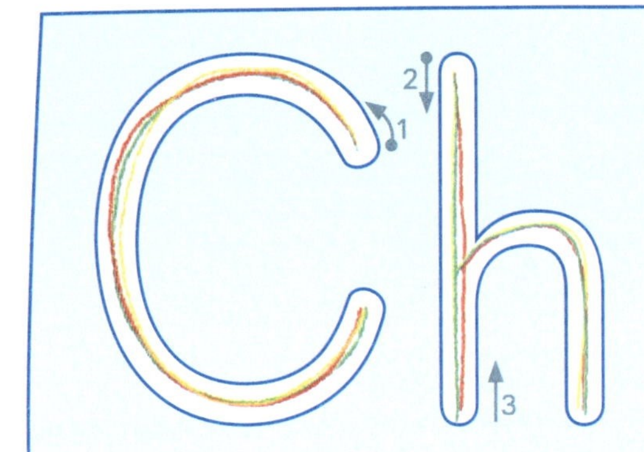

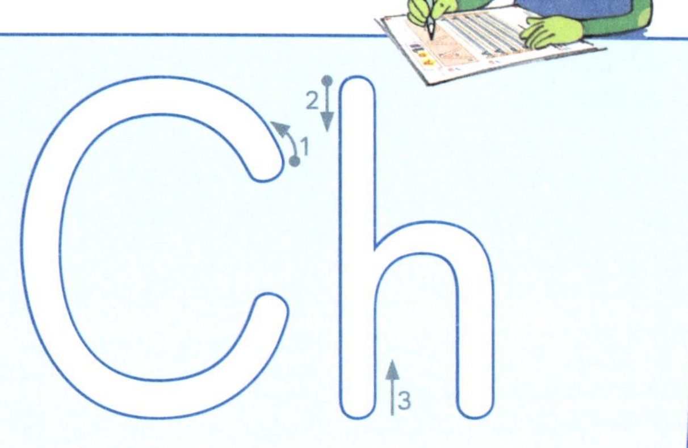

Ch Ch Ch

Chor

China

Chris

Chips

der Chor

das China

die Chips

der Chili

1 die Buchstaben Ch nachspuren
2 die Buchstaben Ch und Wörter schreiben
3 Wörter lesen und verschriften

Fibel, S. 103
Fö KV 91, KV 91
LMH, S. 51, RS, S. 219

tz

1

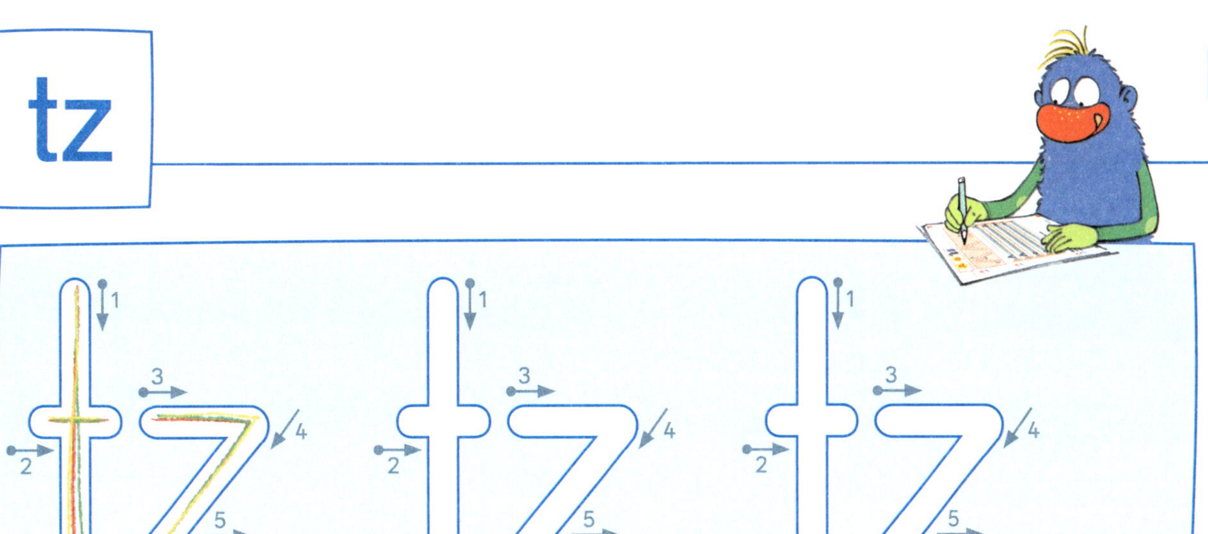

2

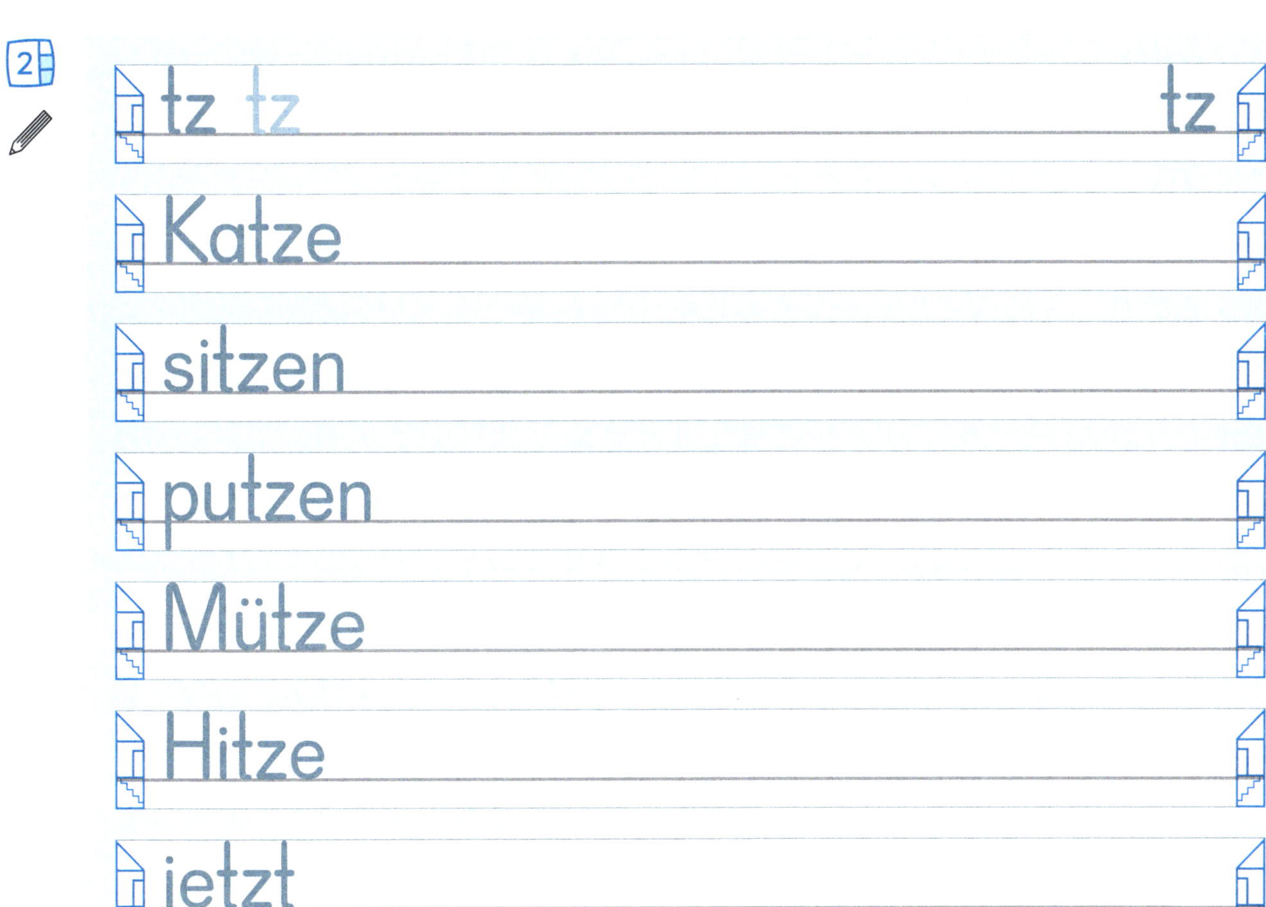

3

Spatz Fratzi findet in der Mütze
einen Schatz.
Katzen flitzen wie der Blitz
mit den Tatzen durch die Pfützen.

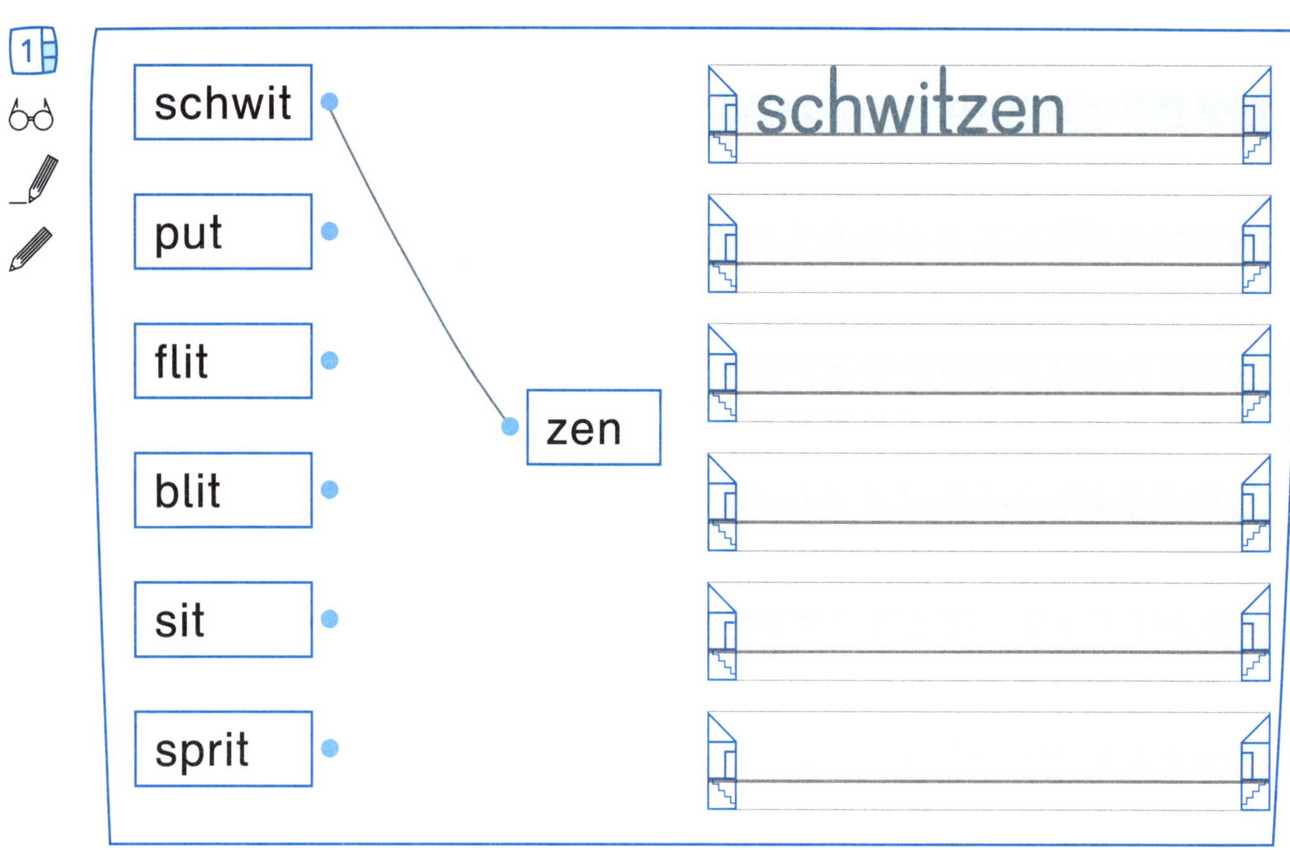

1

schwit | put | flit | blit | sit | sprit

zen

schwitzen

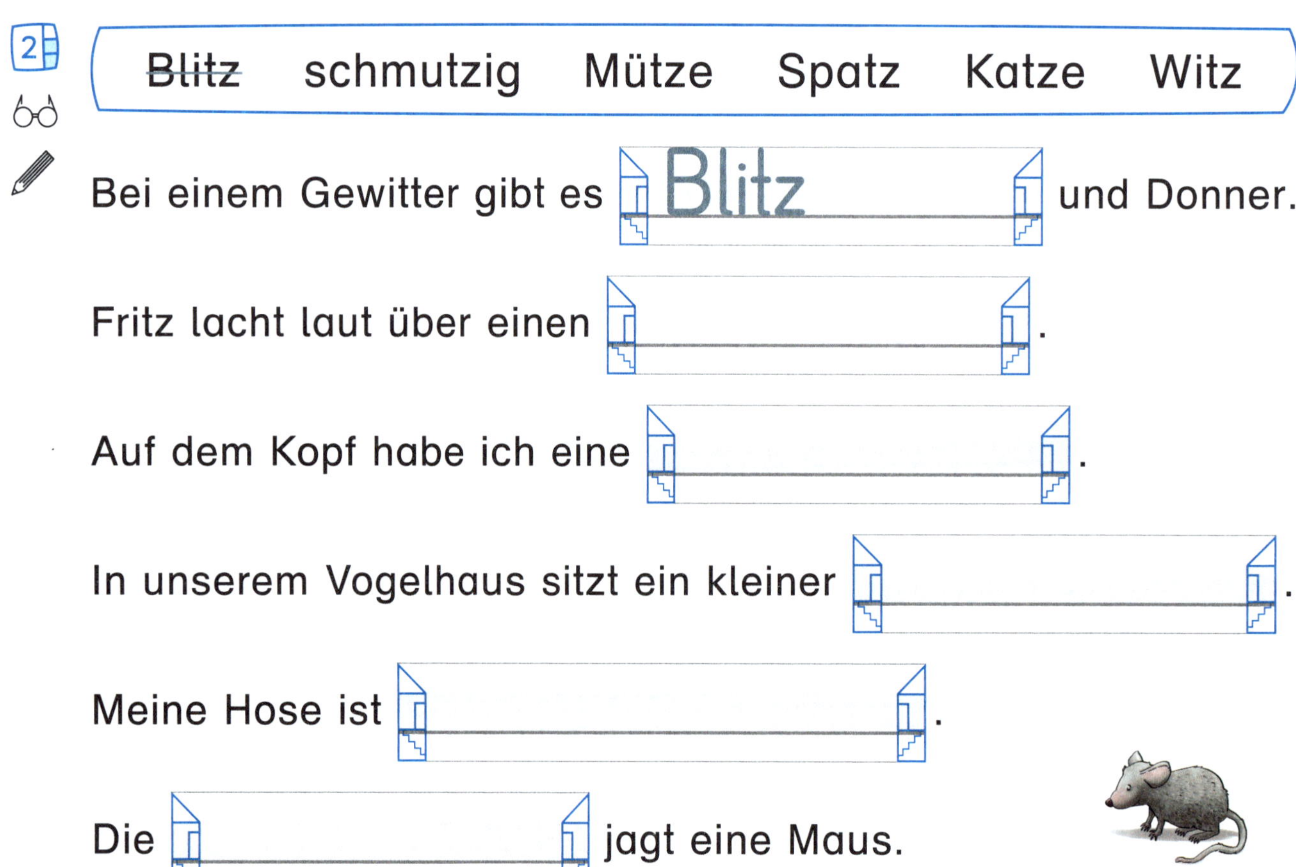

2

~~Blitz~~ schmutzig Mütze Spatz Katze Witz

Bei einem Gewitter gibt es Blitz und Donner.

Fritz lacht laut über einen ________.

Auf dem Kopf habe ich eine ________.

In unserem Vogelhaus sitzt ein kleiner ________.

Meine Hose ist ________.

Die ________ jagt eine Maus.

1 Silben zusammensetzen und das Wort verschriften

2 Sätze lesen und Wörter passend einsetzen

Fibel, S. 104
Fö KV 92, KV 92
LMH, S. 52, MK Lesen 47, 50

ck

1

2

3

Dackel Ecki sitzt dreckig
auf der Decke.
Rock reimt sich auf Stock
und Schnecke reimt sich auf Ecke.

1 die Buchstaben ck nachspuren
2 die Buchstaben ck und Wörter schreiben
3 die Buchstaben ck visuell diskriminieren

3 einzelne Wörter/Text lesen

Fibel, S. 105
Fö KV 93

1

2

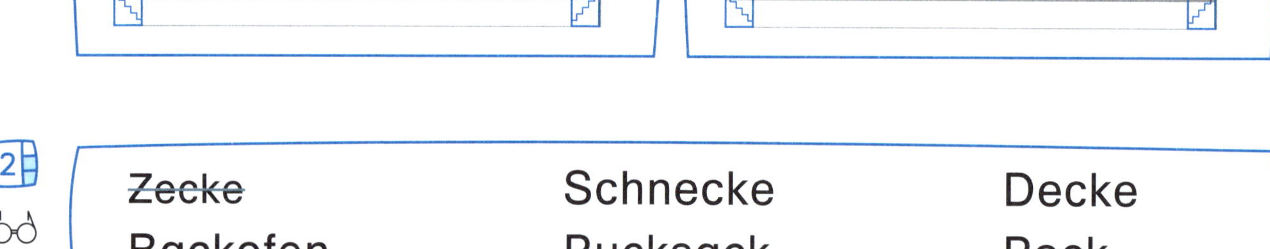

Lösung: Z

1 Reimwörter finden, verschriften

2 Wörter im Rätsel passend eintragen, Lösung aufschreiben

Fibel, S. 105
Fö KV 92, KV 92, LMH, S. 53
MK Lesen 42, 64, 72–75

Y y

1

2

3

Lynn und Pony Roxy reiten
mit Zylindern zu den Pyramiden.
Im Labyrinth verliert Yannik
seinen Teddy.

1 den Buchstaben Y y nachspuren
2 den Buchstaben Y y und Wörter schreiben
3 den Buchstaben Y y visuell diskriminieren

3 einzelne Wörter/Text lesen

Fibel, S. 106

1

Y wie in 	Y wie in 	Y wie in 
 Yak	 Dynamo	 Baby
Yak		
 Yoga	 Olympia	 Teddy
	 Labyrinth	 Handy

2

Pony Olympia ~~Baby~~ Teddy
Labyrinth Pyramide Handy

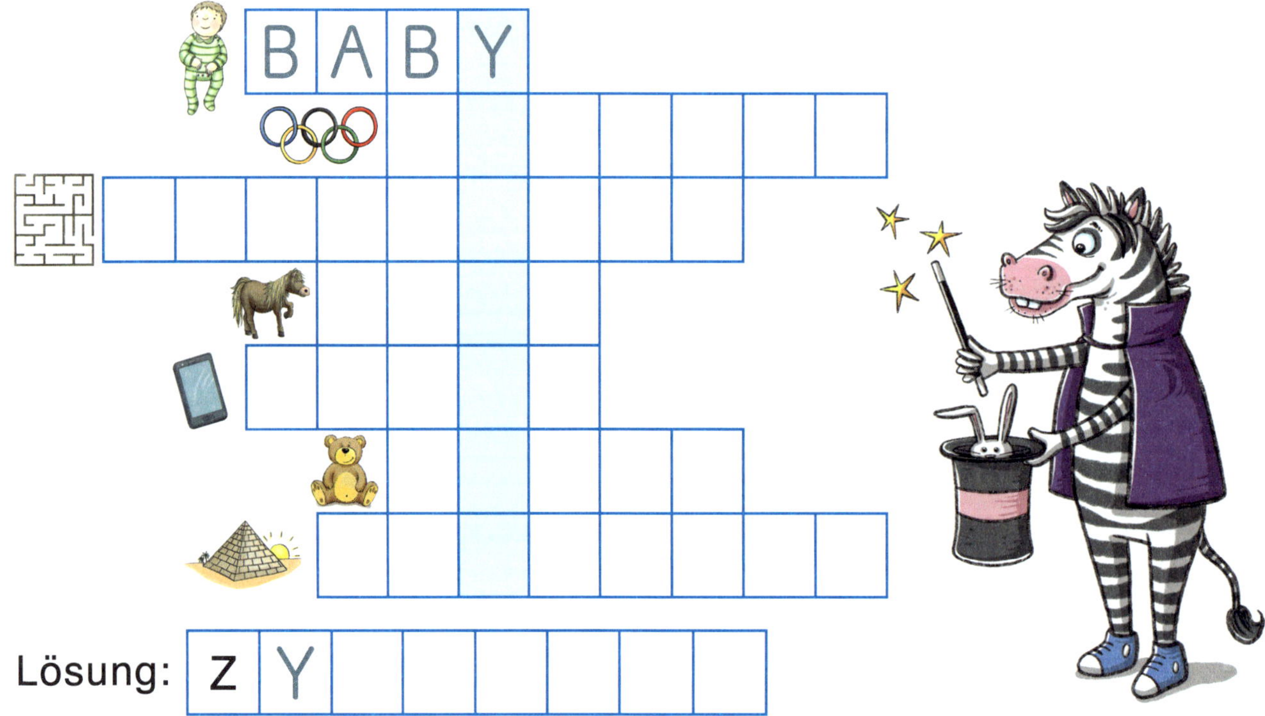

1 nach Lautqualitäten sortierte Wörter mit Y y verschriften

2 Wörter im Rätsel passend eintragen

Fibel, S. 106
Fö KV 94, 95, KV 94, 95
LMH, S. 54
RS, S. 18,

X x

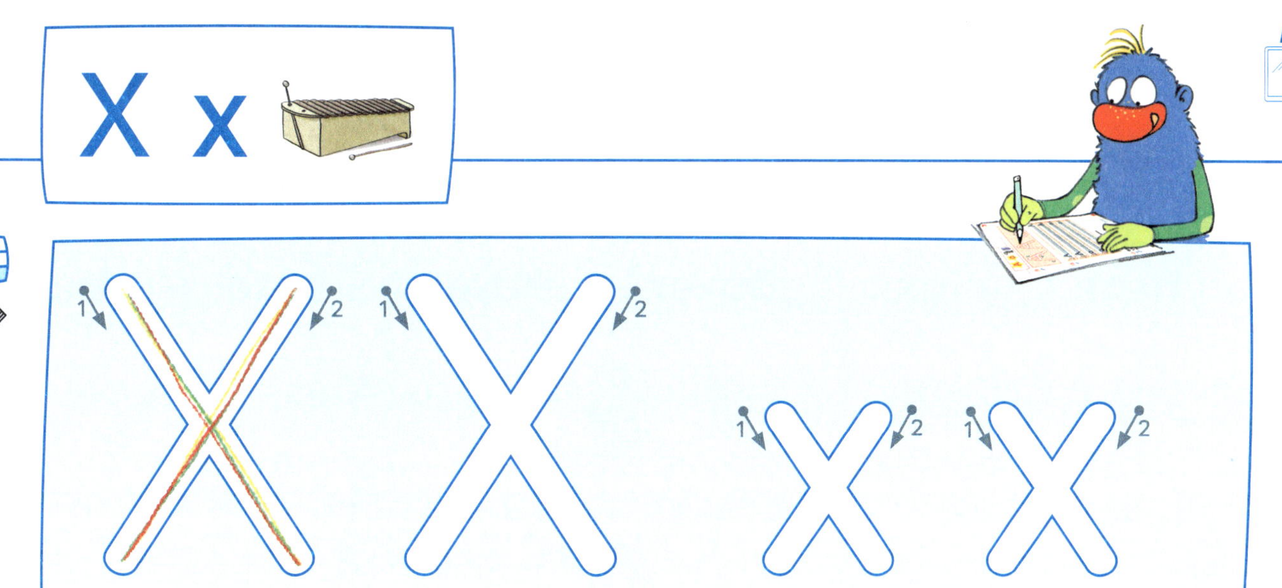

1

2

3 Hexe Xenia liest im Hexen-Buch:
Hexi, mexi, flexi,
aus Maxi wird ein Taxi.

1 den Buchstaben X x nachspuren
2 den Buchstaben X x und Wörter schreiben
3 den Buchstaben X x visuell diskriminieren

3 einzelne Wörter/Text lesen

Fibel, S. 107

1

2 Ein Wort passt nicht!

Hexe Xenia | fährt | ~~malt~~ | mit einem Taxi.

Das Xylofon macht | Eis | Musik | .

Hexe Lilli | hext | trinkt | extra lange Nudeln.

Die Hexen | mixen | singen | einen neuen Trank.

Mit dem Mixer kann man | See | Teig | mixen.

1 Wörter einem Bild zuordnen, verschriften

2 sinnerfassend lesen, falsches Wort durchstreichen

Fibel, S. 107, Fö KV 96–100
KV 96–100, LMH, S. 55, 56
RS, S. 18, 20, MK Lesen 43

Aus a wird **ä**,
aus **au** wird **äu**!

Wörter mit ä und äu ableiten

1

~~Wand~~	Hand	Apfel	Ball
Bälle	Hände	~~Wände~~	Äpfel

ein / eine	drei
 eine Wand	 drei Wände
 eine	 drei
ein	 drei
 ein	  drei

2

~~Baum~~	Zaun	Maus	Laus
Mäuse	Zäune	~~Bäume~~	Läuse

ein / eine	drei
 ein Baum	 drei Bäume
eine	drei
 ein	 drei
 eine	 drei

1 2 Plural passend vom Singular ableiten, schreiben und Vokale markieren

Fö KV 101
RS, S. 21, 22, 24

Nomen kennenlernen 

Nomen sind Wörter für Menschen, Tiere, Pflanzen und Dinge.
Nomen schreibst du groß.

1  

Menschen | Pflanzen | Tiere | Dinge

2 

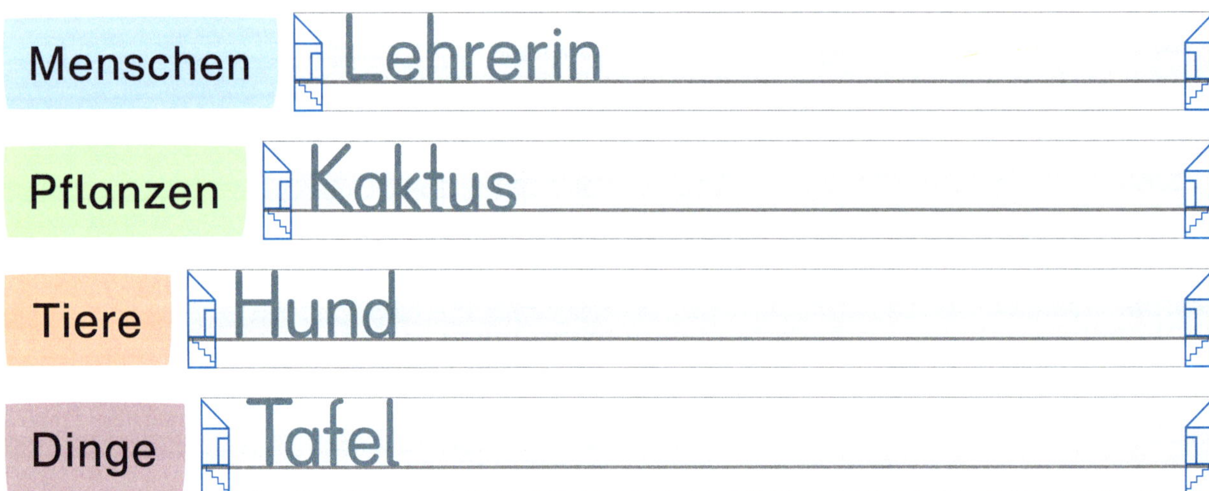

1 Nomen lesen und der passenden Kategorie farblich zuordnen
2 Nomen den Kategorien zuordnen, verschriften

Fö KV 102, KV 102
RS, S. 23–25

1

Emil ist begeistert.

Opa Max hat eine Idee.

Heute Abend gehen sie ins Kino.

Ich kann Sätze in Linien schreiben.

2

Zange Schlange Ring Zeitung Zunge Spangen

Ich kann Wörter mit **ng** richtig einsetzen.

Das kann ich!

1

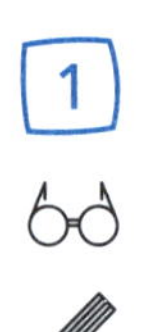

Katze | Bäume | Ring
Bank | Computer

Ich klettere gerne auf  .

Mama trägt am Finger einen  .

Oma und Opa sitzen auf einer  .

Nele lernt gerne am  .

Die  fängt viele Mäuse.

Ich kann Wörter passend in Sätze einsetzen.  

2

Wer ist Teddy Max?

Auf dem Kopf ist eine blaue Mütze.

Die Hose hat einen grünen Flicken. 

Ein Hosenträger ist pink.

In der Tatze hat er einen Rucksack.

Der Rucksack hat blaue Punkte.

Ich kann ein Rätsel lösen.  

1 Sätze lesen und Wörter passend einsetzen
2 Text sinnerfassend lesen, das Rätsel lösen

Das kann ich, S. 18, 19
LSTE 8
C